교과서 개념 잡는 20가지 식물 이야기

왜 양파를 까면 눈물이 날까?

교과서 개념 잡는 20가지 식물 이야기

왜 양파를 까면 눈물이 날까?

ⓒ 글 우리누리 그림 송진욱, 2011

1판 1쇄 발행 2011년 12월 26일 | 1판 2쇄 발행 2013년 4월 18일

글 김정신 | 그림 송진욱
펴낸이 권병일 권준구 | 펴낸곳 (주)지학사
편집주간 강현철 | 편집 김은영 김연정 | 디자인 이혜리 최영은
제작 권용익 김현정 이진형 | 마케팅 손정빈 송성만
등록 2010년 1월 29일(제313-2010-24호) | 주소 서울시 마포구 신촌로 6길 5
전화 02.330.5297 | 팩스 02.3141.4488 | 홈페이지 www.jihak.co.kr/arb/book

ISBN 978-89-94700-24-3 74800
잘못된 책은 구입하신 곳에서 바꿔 드립니다.

아르볼 은 (주)지학사가 만든 단행본 출판 이름입니다.

지식동화 3

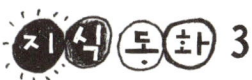

교과서 개념 잡는 20가지 식물 이야기

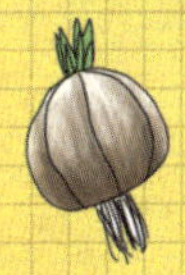

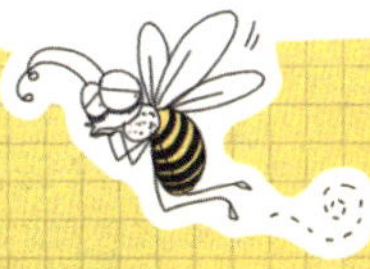

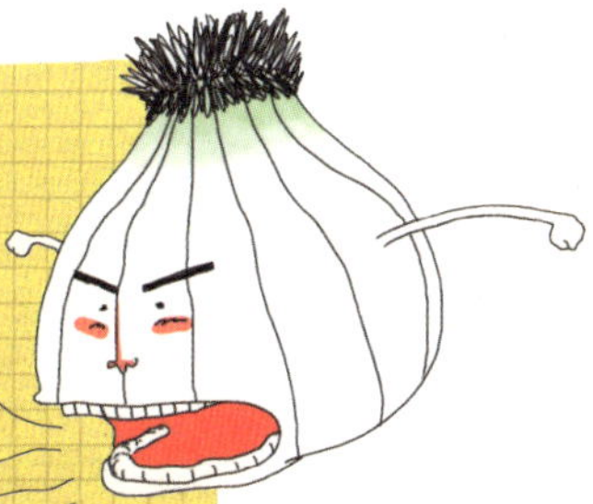

왜 양파를 까면 눈물이 날까?

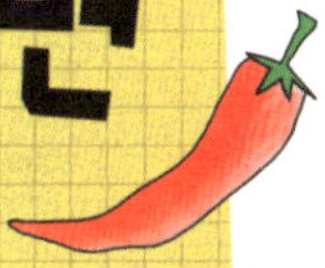

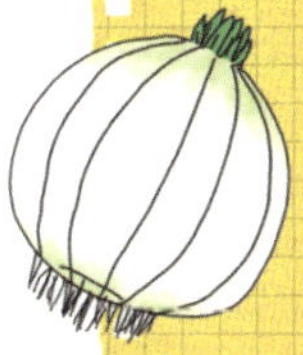

글 김정신 그림 송진욱

아르볼

차례

1. 나무도 엄마가 있을까? **06**
2. 스테이크를 좋아하는 나무 **12**
3. 외계인을 사로잡은 동그란 물결 **18**
4. 아주 특별한 겨울 외투 **24**
5. 보이지 않지만 힘이 세요! **30**
6. 날 우습게 보지 마! **36**
7. 줄기 속에서 무슨 일이? **42**
8. 초록 잎에서 일어난 기막힌 사건 **48**
9. 아기 때 얼굴 기억하기 **54**
10. 날 이상하게 보지 말아 줘 **60**

11. 나를 보호해 주요 66

12. 친하게 지내요 72

13. 바람아 불어다오 78

14. 똥을 지켜라! 84

15. 감자의 정체를 밝혀라! 90

16. 다리가 없는데 움직인다고? 96

17. 앗, 적이 나타났다! 102

18. 우리에게도 시계가 있다고! 108

19. 떨어져도 괜찮아 114

20. 초록 마을 만세! 120

이야기. 하나

나무도 엄마가 있을까?

"난 밥이나 주라고 있는 사람이 아니야!!" -엄마-

어느 날 엄마가 사라졌어요. 빈집에는 엄마가 남긴 쪽지 한 장만 있었죠. 쪽지에는 이렇게 쓰여 있었어요.

'난 밥이나 주라고 있는 사람이 아니야!!'

생각해 보니 그랬어요. 학교에서 집에 돌아오면 난 인사 대신 이렇게 말했어요.

"엄마, 배고파. 먹을 거 없어요?"

아빠도 마찬가지였어요. 아빠는 일을 마치고 돌아오자마자 엄마에게 말했지요.

"여보, 배고파. 빨리 밥 좀 줘요."

그럴 때마다 엄마 표정이 안 좋다는 걸 눈치챘어야 했는데…….

엄마가 사라진 걸 먼저 안 사람은 나였어요. 학교에 가지 않는 토요일

이었거든요. 그날은 아빠도 쉬는 날
이었어요.

 해가 중천에 떴을 때쯤, 배가 고파서
눈을 떴어요.

 "엄마, 밥 주세요!"

 평소처럼 엄마에게 소리를 쳤어요. 그런데 아무
소리도 들리지 않는 거예요. 거실로 나가 안방 문을 열었
어요. 안방에는 아빠가 코를 골며 주무시고 계셨어요.

 "아빠, 엄마가 없어요."

 아빠는 내가 농담을 하는 줄 아셨을 거예요.

 아빠도 일어나서 엄마를 찾았어요. 엄마는 어디에도 없었어요.
진짜 감쪽같이 사라져 버린 거예요.

 온 동네를 한 바퀴 돌고 나서야 엄마를 발견했어요.
엄마는 집 앞에 있는 오래된 은행나무 위
에 계셨어요.

 "난 여기서 절대로 안 내려갈 거니
까, 이제 밥은 알아서 먹어요!"

 엄마는 저 높은 은행나무 꼭
대기까지 어떻게 올라가신

걸까요? 엄마가 나무 타기 선수일 줄은 꿈에도 몰랐어요.

　엄마는 아빠와 내게 소리쳤어요.

　"이 나무를 봐요. 각자 제 할 일을 알아서 하잖아요. 창피한 줄 아세요."

　난 아빠에게 물었어요.

　"아빠, 나무가 어떻게 할 일을 알아서 한다는 말이에요?"

　가만히 제자리에 서 있는 나무가 각자 할 일을 한다니 대체 무슨 말일까요? 아빠는 들릴 듯 말 듯 조그만 소리로 말했어요.

　"뿌리랑 줄기랑 잎이 알아서 한다는 거겠지."

　집으로 돌아온 아빠와 나는 밥을 차릴 준비를 했어요. 나는 밥, 아빠는 반찬을 만들기로 했어요.

　쌀을 씻는 것까진 잘했어요. 그다음부터가 문제였죠. 물을 얼마만큼 넣어야 하는지 아리송했고, 아빠는 달걀을 깨다가 부엌 바닥에 떨어뜨렸어

요. 그뿐인가요. 파를 썰다가 손가락을 다쳤고, 프라이팬의 기름이 사방으로 튀어 아무것도 할 수가 없었어요.

"집사람이 있었다면 손가락에 반창고를 붙여 주었을 텐데……."

우리는 그제야 엄마가 얼마나 소중한지 깨달았어요. 그리고 바로 엄마에게 달려갔어요.

"여보, 이제 당신 마음을 알았어. 우린 당신이 정말 필요해."

"엄마, 이제부턴 엄마를 많이 도울게요. 우린 엄마를 사랑해요."

엄마는 아빠와 제 말을 듣고 잠시 생각에 잠겼어요.

"둘 다 정말이에요?"

"그럼!"

대답을 듣자마자 엄마는 원숭이보다 빠르게 나무에서 내려왔어요. 나중에 엄마에게 나무 타는 법을 알려 달라고 해야겠어요.

난 엄마 손을 꼭 잡고 물었어요.

"엄마, 나무는 엄마도 없는데 어떻게 저렇게 크게 자랐어요?"

"해랑 바람, 흙이랑 물이 나무가 자라는 걸 도와줘. 하지만 나무를 구성하는 각 부분이 맡은 일을 제대로 해야만 잘 자랄 수 있는 거야."

그동안 엄마에게만 집안일을 맡겼던 것이 창피해졌어요. 그날 저녁, 아빠와 나는 엄마를 도와 맛있는 저녁상을 차렸어요. 서로 도우며 차린 밥이라 그런지 더욱 맛있었지요.

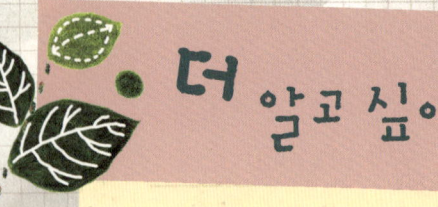

양분을 만드는 데 꼭 필요해요

　대부분 식물은 스스로 양분을 만들어 내는 능력을 가지고 있어요. 식물이 양분을 만들기 위해서는 반드시 필요한 것이 네 가지 있지요. 바로 햇빛과 공기, 물과 흙이에요.

뿌리와 잎도 각자의 역할이 있다

　땅속에는 물과 양분이 많이 있어요. 식물의 뿌리는 땅속에 있는 물과 양분을 빨아들여 몸 안에 저장하는 일을 해요. 잎은 뿌리가 빨아들인 물과 엽록소가 흡수한 빛과 이산화탄소로 녹말과 포도당을 만들어요. 녹말과 포도당은 에너지가 되어 식물이 자랄 수 있게 해 주지요. 이 과정을 '광합성'이라고 해요. 뿌리나 잎이 제 역할을 하지 않는다면 식물은 제대로 자라지 못할 거예요.
　식물은 광합성을 하는 동안 산소를 내보내는데, 식물이 내보내는 산소 덕분에 모든 생물이 살아갈 수 있는 것이랍니다.

광합성을 못하는 식물도 있다고요?

식물이 녹색을 띠는 것은 엽록소를 가지고 있다는 증거예요. 하지만 식물 중에는 엽록소가 없어서 광합성을 하지 못하는 것도 있어요. 대표적인 식물로는 수정란풀과 새삼이 있어요.

줄기와 잎, 꽃까지 온통 흰색인 수정란풀은 주로 그늘진 곳의 낙엽 더미 아래에서 볼 수 있어요. 낙엽 속에는 균류라는 곰팡이도 살고 있는데, 이들은 죽은 동식물을 분해해서 양분을 만들어요. 바로 이 양분을 수정란풀에 나누어 주는 거예요. 죽은 생물로부터 얻은 양분으로 살아가는 수정란풀은 자연의 순환에 꼭 필요한 식물이에요.

새삼, 실새삼과 같은 기생 식물도 광합성을 못해요. 기생 식물은 다른 식물의 줄기나 잎, 뿌리에 붙어서 그 식물의 양분을 빼앗아 살아가는 식물이랍니다. 다른 식물에 붙어서 살기 때문에 환영 받지는 못해요.

이야기. 둘

스테이크를 좋아하는 나무

"저 개미 좀 봐."

소라가 나무 아래에서 개미굴을 발견했어요.

"으, 징그러워."

소라 옆에 있던 석이는 얼굴을 찡그렸어요. 며칠 전 왕개미한테 물렸던 일이 생각났거든요.

"난 개미가 정말 싫어. 땅속 뿌리 귀신이 다 잡아먹었으면 좋겠다."

"얘 좀 봐. 너 나무가 개미를 좋아한다는 거 몰라?"

석이는 입을 삐쭉 내밀었어요. 나무가 개미를 좋아한다니 믿을 수가 없었어요.

"거짓말! 왜 나무가 개미같이 조그맣고 아무런 도움도 안 되는 벌레를 좋아하겠어?"

석이의 말에 소라가 손가락으로 땅을 가리켰어요.

"저 구멍 보이지? 개미가 드나드는 구멍 말이야."

"응."

"바로 저 구멍 때문에 나무가 개미를 좋아하는 거라고."

석이는 소라의 말이 도무지 무슨 뜻인지 알 수가 없었어요.

"구멍하고 나무하고 무슨 상관이야?"

석이가 물었어요. 그러자 소라가 답답하다는 듯이 말했어요.

"네 동생이 방에서 방귀를 뀌었다고 쳐. 그러면 지독한 냄새를 없애려고 방문을 열잖아. 그때 새로운 공기가 들어오고 나쁜 공기가 나가면서 지독한 냄새가 없어져. 그것과 똑같은 거야."

소라의 설명을 듣고 나서야 석이는 조금 알 것 같았어요.

"아! 땅속으로 개미가 구멍을 뚫으면, 그 구멍으로 공기가 드나든다는 말이지?"

"이제야 좀 말이 통하네. 맞아, 구멍으로 산소도 들어오고 습기가 있는 공기와 물이 흘러드니까 뿌리가 그것을 흡수해서 나무가 튼튼하게 자랄 수 있는 거야."

석이는 소라가 제법이란 생각이 들었어요. 하지만 아무리 개미가 좋은 일을 한다고 해도 석이는 개미가 좋아지지 않았어요.

"그래도 난 개미 같은 벌레는 정말 싫어. 나무가 벌레

들을 전부 잡아먹으면 참 좋을 텐데……."

그러자 소라가 손뼉을 쳤어요.

"맞아! 벌레를 잡아먹는 식물이 있다고 들었어."

석이는 두 눈을 동그랗게 떴어요.

"정말?"

소라는 눈을 감고 머리를 좌우로 흔들었어요. 머리를 흔드는 건 생각이 안 날 때마다 하는 소라의 습관이에요. 소라가 갑자기 눈을 번쩍 뜨고 큰 소리로 말했어요.

"아! 알았다."

그 바람에 석이가 깜짝 놀랐어요.

"도대체 어떤 식물인데?"

"끈끈이주걱, 파리지옥 같은 식물이 벌레를 잡아먹는다고 했어."

소라는 벌레를 잡아먹는 식물이 생각나긴 했지만, 왜 그런지 그 이유는 몰랐어요. 벌레들이 식물의 잎을 갉아 먹는 것은 봤지만, 거꾸로 식물이 벌레를 잡아먹는다니!

"석아, 왜 식물이 벌레를 잡아먹는 걸까?"

"킥킥, 그 식물들도 나처럼 스테이크를 좋아하나 보지."

스테이크 생각이 났는지 석이는 입맛을 다셨어요.

"너 정말! 에구, 궁금해서 안 되겠어. 식물 박사인 우리 삼촌한테 물어

봐야지."

소라는 석이를 한 번 째려보고는 전화를 하러 집으로 뛰어갔어요. 소라를 따라 석이도 뛰었어요. 그러면서 소라에게 소리쳤어요.

"소라야, 삼촌한테 부탁해서 끈끈이주걱 하나만 구해 줘. 내 수호신으로 가지고 다니게."

"내가 못살아."

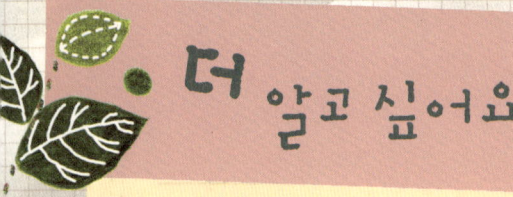

더 알고 싶어요

식물이 왜 벌레를 먹나요?

식물 중에는 잎으로 벌레를 잡아먹는 것도 있어요. 바로 '식충 식물(벌레잡이 식물)'이에요. 식충 식물은 주로 습지에 살아요. 습지의 물은 순환하지 않고 고여 있기 때문에 식물이 자라기에 충분한 양분을 가지고 있지 않아요. 특히 식물이 자라는 데 꼭 필요한 질소가 부족하지요. 그래서 벌레를 잡아 모자란 영양을 보충하는 거예요. 벌레에는 식물에게 필요한 질소와 인, 무기질이 들어 있어요.

식충 식물은 몇 종류나 있나요?

식충 식물은 전 세계에 600여 종이 있어요. 지역마다 다른 식충 식물이 사는데, 이들은 파리, 개미, 나비, 거미와 같은 벌레를 잡아먹기도 하고, 물벼룩이나 장구벌레(모기의 애벌레)처럼 물에서 사는 작은 벌레를 잡아먹기도 해요.

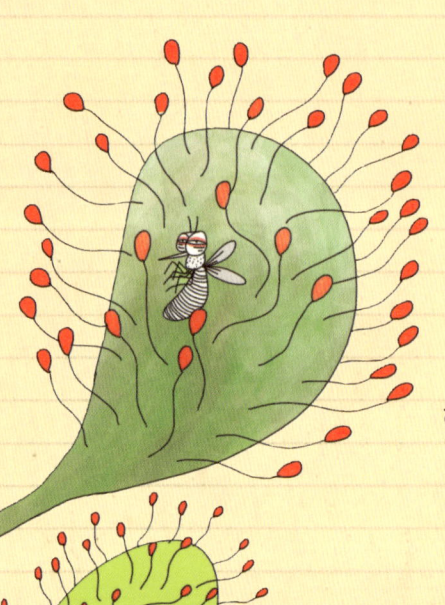

식충 식물은 어떤 것들이 있나요?

대표적인 식충 식물에는 끈끈이주걱과 파리지옥이 있어요. 끈끈이주걱은 주걱처럼 생긴 잎 가장자리에 수많은 털이 달렸고, 그 끝에는 끈끈한 액체가 물방울처럼 맺혀 있어요. 이 액체가 햇빛을 받아 반짝거리면 마치 꿀처럼 보이지요. 작은 벌레가 여기에 앉으면 끈끈한 액체가 몸에 달라붙어요. 벌레가 달아나려고 몸부림을 칠수록 털들은 벌레를 감싼답니다. 벌레를 잡은 끈끈이주걱은 소화액을 내보내 벌레를 서서히 녹여 흡수해요. 날개와 껍질은 뱉어 내지요.

잎이 마치 두 개의 턱뼈처럼 생긴 파리지옥도 식충 식물이에요. 파리지옥은 가시 같은 이빨로 둘러싸인 두 개의 잎을 가지고 있어요. 개미나 파리가 잎의 가장자리에 앉으면 파리지옥은 벌렸던 두 잎을 단숨에 닫아 버린답니다. 먹이가 된 벌레는 그 안에서 파리지옥의 양분이 되는 거예요.

이야기. 셋

외계인을 사로잡은 동그란 물결

풍이는 집에 들어가기 싫었어요. 엄마에게 혼이 났거든요. 풍이는 마을 어귀에 있는 나무 밑동 위에 앉아서 훌쩍이고 있었어요. 마을에서 가장 오래된 이 나무는 작년 여름 폭풍우에 부러져 버렸지요.

"엄만 내 맘을 정말 몰라."

풍이 눈물이 개미 수영장만큼 떨어졌을 때였어요. 누군가 풍이에게 말을 걸었어요.

"너도 엄마 마음을 모르잖아."

엄마 목소리는 아니에요. 풍이는 고개를 돌렸어요. 풍이 뒤에는 아이 같지도 않고, 어른 같지도 않은 한 남자가 서 있었어요. 얼굴은 뽀야면서 작고, 머리카락은 하나도 없고, 주름진 이마를 가진 남자였어요. 키는 꼭 풍이만 했어요.

"누구세요?"

풍이가 눈썹을 찌푸리며 물었어요.

"난 외계에서 왔어."

이상하게 생긴 남자가 말했어요.

"그럼 외계인이란 말이야?"

"그렇다고 할 수 있지. 그런데 왜 반말이야? 이래 봬도 난 100살이 넘었다고."

풍이는 다시 고개를 돌리고 시큰둥하게 말했어요.

"남의 일에 상관 말고 볼일이나 보세요."

외계인은 머리를 흔들었어요.

"난 말이야, 인간이 고민하고 있을 때 그냥 지나치지 말라고 배웠거든. 나한테 뭐든지 말해 봐. 다 들어줄 테니까."

풍이는 큰소리치는 외계인이 왠지 믿음직스럽지 않았어요.

"차라리 아저씨보다 나이가 많은 이 대추나무한테 말하겠어요."

"뭐? 이 나무가 나보다 나이가 많다고?"

외계인은 깜짝 놀라 물었어요.

"쳇, 나이테도 모르면서 잘난 척하기는……."

풍이는 고개를 절레절레 흔들었어요.

"나이테가 뭔데?"

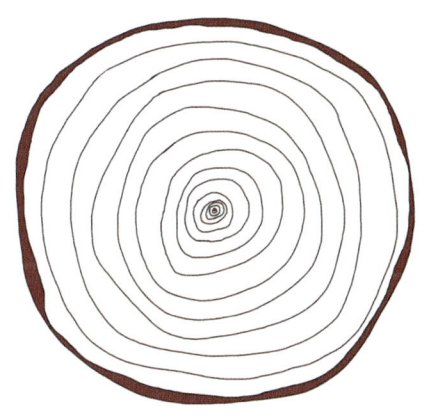

"나무의 나이를 알려 주는 둥근 선이요. 여길 봐요."

나무에 앉아 있던 풍이가 일어나더니 밑동에 그려진 나이테를 가리켰어요.

"한 해가 지날 때마다 이 동그란 선이 하나씩 생기는 거예요."

"흠, 정말 신기해. 우리 외계인도 한 살 먹을 때마다 이마에 주름살이 생기면 아이인지 어른인지 금방 알 수 있을 텐데. 다 똑같이 생겨서 누가 나이가 많은지 헷갈릴 때가 많단 말이야."

풍이는 주름이 백 개나 그어진 외계인의 얼굴을 상상했어요.

"으악, 그러면 얼굴이 쭈글쭈글해서 번데기 같을걸요."

"번데기가 뭔데?"

도저히 말이 안 통하는 외계인이었어요.

"아무튼, 난 아저씨랑 얘기하는 것보다 이 나무에 앉아 있는 게 좋아요. 그러니까 방해하지 말고 가세요."

외계인은 풍이 주위에서 계속 머뭇거렸어요. 그러다가 또 말을 붙였어요.

"저기, 궁금한 게 있는데, 이 나무는 몇 살이나 됐니?"

"한 백오십 살쯤 됐을걸요."

외계인의 작은 눈이 두 배는 커졌어요.

"나무가 그렇게 오래 산단 말이야?"

"이 나무보다 더 오래 산 나무들도 얼마나 많은데요."

풍이의 말을 들은 외계인은 생각에 잠겼어요.

'호, 그럼 인간에 대한 연구는 뒤로 미루고, 오래 사는 방법을 먼저 연구해야겠다!'

그러고는 풍이에게 말했어요.

"얘, 미안하지만 난 바빠서 여길 떠나야겠어."

풍이는 어이가 없었어요.

"내가 언제 아저씨보고 같이 있어 달라고 했어요?"

풍이는 갑자기 엄마 생각이 났어요. 백 살이나 먹었다는 외계인 아저씨보다 엄마가 아는 것이 훨씬 많아요. 나이테도 엄마가 가르쳐 준 것이거든요. 엄마가 보고 싶어진 풍이는 집으로 힘껏 달려갔어요.

더 알고 싶어요

나이테는 왜 생기나요?

나이테는 날씨 때문에 생겨요. 열대 지방처럼 일 년 내내 기온이 비슷한 나라에서 자라는 나무에는 나이테가 없어요. 우리나라처럼 사계절이 뚜렷한 곳에 사는 나무에 나이테가 있어요.

봄과 여름에는 햇빛이 강해 나무가 잘 자라요. 그러다 가을, 겨울이 되면 햇빛의 양이 적고 기온도 낮아지기 때문에 자라는 속도가 느려지지요. 나무의 줄기 속에 있는 형성층의 세포들은 햇빛이 많을 때는 활발하게 움직이다가 햇빛이 적어지면 움직임이 느려져요. 이런 세포들의 움직임에 따라 둥근 원이 만들어지는데, 이것이 바로 나이테랍니다.

나이테로 나이 말고 또 무엇을 알 수 있나요?

아주 오래전의 날씨 변화도 알 수 있어요. 나이테를 보면 어느 해 비가 많이 내리고 가뭄이 들었는지 알 수 있거든요. 나이테의 간격이 넓은 것은 그 해에 다른 때보다 비가 많이 내려 나무가 흡수할 물이 많았다는 것을 의미해요. 반대로 좁은 것은 가뭄이 들었다는 것을 말해 주지요. 나이테의 색깔과 주변의 흔적으로 산불이 일어난 때나 자라면서 겪었던 상처를 알 수 있어요. 나이테는 한 식물의 역사이기도 해요.

1,000살도 넘은 나무가 있다고요?

경기도 양평 용문사에는 아주 나이가 많은 은행나무가 있어요. 자그마치 1,100살이 넘어서 천연기념물 제30호로 지정되어 보호 받고 있어요.

이 나무에는 전해 내려오는 이야기가 있어요. 신라의 마지막 왕인 경순왕은 오랜 전쟁에 지쳐 천 년 동안 이어진 신라를 고려에 바치기로 결심했어요. 하지만 경순왕의 아들인 마의 태자는 아버지의 말을 따를 수가 없었어요. 나라를 잃은 슬픔에 마의 태자는 남은 생을 금강산에 들어가 살겠다고 결심했어요. 마의 태자는 금강산으로 가던 중 은행나무 한 그루를 심었어요. 그때부터 자란 이 은행나무는 나라에 큰일이 있을 때마다 소리 내어 울고, 일본군이 용문사에 불을 질렀을 때도 타지 않고 남았다고 전해져요.

이야기. 넷

아주 특별한 겨울 외투

달래는 신이 났어요. 지난밤 내린 눈이 소복하게 쌓였기 때문이에요.
"어서 나와. 빨리, 빨리!"
달래는 외투를 입고 있는 동생에게 소리쳤어요.
"달래야, 그런 차림으로 나가면 감기 들어!"
엄마가 말렸지만 달래는 들은 체도 않고 밖으로 나갔어요. 동생 손을 잡고 나간 달래는 눈을 뭉쳤어요. 세상에서 가장 큰 눈사람을 만들려고요. 눈덩이가 커질수록 달래의 장갑도 촉촉하게 젖었어요.
"아이, 손 시려."
달래는 장갑 낀 손을 입가에 대고 호 불었어요. 동생도 손이 시린지 장갑을 벗고 양손을 주머니에 넣었어요. 손이 젖으니 몸도 추워지는 것 같았어요. 달래는 동생처럼 외투를 입고 나오지 않은 걸 후회했어요.

"엄마 말대로 정말 감기에 걸리겠어."

그때 엄마가 부리나케 달려오는 게 보였어요. 엄마는 달래의 외투를 들고 있었어요. 외투를 입으니 정말 따뜻했어요. 엄마가 조금만 늦게 왔더라면 달래는 정말 감기에 걸렸을 거예요. 달래는 동생과 함께 눈사람을 만들었어요. 달래가 동생에게 말했어요.

"눈사람 손도 만들어 주자. 나뭇가지를 꺾어 와야지."

달래는 목련의 나뭇가지를 꺾으려고 팔을 뻗었어요. 그러자 엄마가 달래를 막아섰어요.

"안 돼, 달래야. 가지를 그렇게 막 꺾으면 어떡하니?"

달래는 엄마를

야, 너희만 옷 입냐?

이야~

쳐다보며 말했어요.

"이렇게 마른 가지를 꺾는 게 뭐 어때서요?"

"말라서 죽은 것처럼 보이지만 모두 살아 있는 거야."

"날씨가 이렇게 추운데 살아 있다고요?"

"그럼, 나무에게도 아주 특별한 외투가 있단다."

달래는 엄마를 쳐다보았어요. 꽃도 잎도 다 떨어지고 앙상한 가지밖에 남지 않은 나무가 특별한 외투를 가지고 있다니! 믿을 수가 없었어요.

달래는 목련 가까이 다가가 줄기를 만져 보았어요. 마른 껍질이 만져졌어요.

"대체 특별한 외투가 어디 있다는 거예요?"

달래가 물었어요. 엄마는 달래를 번쩍 안고 목련 가지 끝에 달린 동그란 봉오리를 보여 주었어요.

"이것 봐. 여기 솜털같이 생긴 것 보이지? 바로 겨울눈이란다. 봄이 되면 하얗게 필 목련 꽃을 품고 있는 거야. 겨울눈은 나무에게 아주 특별한 외투지."

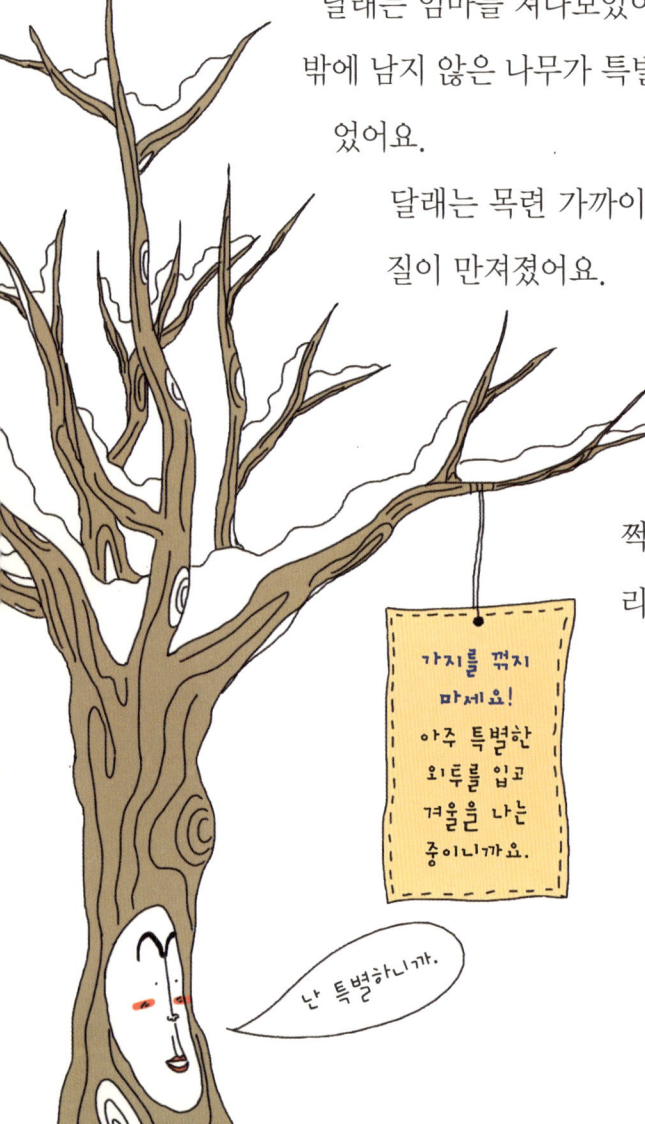

가지를 꺾지 마세요!
아주 특별한 외투를 입고 겨울을 나는 중이니까요.

난 특별하니까.

달래는 겨울눈을 신기하게 바라보았어요. 엄마가 말했어요.

"나무는 특별한 외투 안에 꽃뿐만 아니라 잎도 품고 있어. 겨울 동안 꽃과 잎이 나올 자리를 겨울눈이 보호해 주는 거지. 봄이 되어 날씨가 따뜻해지면 그 자리에서 잎과 꽃이 나오기 시작한단다."

달래는 겨울 동안 죽어 있는 것 같던 나무가 든든한 외투를 입고 꽃과 잎을 품고 있다는 사실에 감동했어요.

"엄마, 정말 멋져요."

달래는 여기저기 뛰어다니며 나무마다 겨울눈이 어디에 있는지 찾아보았어요. 그러고는 갑자기 생각난 듯 말했어요.

"눈사람 만들기보다 더 중요한 일을 잊고 있었어!"

달래는 얼른 집에 들어갔다 왔어요. 달래의 손에는 종이 몇 장과 테이프가 들려 있었어요. 달래는 나무마다 돌아다니며 가져온 종이를 붙였어요. 그 종이에는 이렇게 쓰여 있었어요.

'가지를 꺾지 마세요! 아주 특별한 외투를 입고 겨울을 나는 중이니까요.'

더 알고 싶어요

나무가 겨울을 나는 특별한 방법이 있다고요?

추운 겨울을 지낸 나무가 봄이 오면 잎을 내고 꽃을 피우는 것이 신기하지 않나요? 겨울 동안 꼼짝도 않고 추위와 싸우는 나무들은 얼핏 보면 죽어 있는 것 같아요. 하지만 나무는 잎이나 줄기, 꽃을 피울 작은 몽우리를 조심스럽게 품고 있답니다. 이것이 바로 '겨울눈'이에요.

언제 겨울눈을 만드나요?

나무는 잎이 떨어지기 전인 여름부터 겨울눈을 만들어요. 추운 겨울에는 양분이 부족하기 때문에 미리 만들어 두는 거예요. 겨울눈은 눈이 내리고 날씨가 추운 겨울을 잘 이겨야 해요. 그래야 봄에 잎과 꽃을 피울 수 있으니까요.

겨울눈이 추위를 이기는 특별한 방법이 있나요?

목련의 겨울눈 껍질에는 잔털이 아주 많아요. 이 잔털이 겨울눈을 얼지 않게 보호해 줘요. 벚나무의 겨울눈은 딱딱한 비늘로 덮여 있고, 오리나무의 겨울눈은 끈적끈적한 액체가 감싸고 있어서 추위에 견딜 수 있어요.

목련

벚나무

오리나무

겨울눈 없는 식물의 겨울나기

나팔꽃이나 봉숭아처럼 한 해만 사는 풀이나 꽃은 겨울이 되면 바로 시들어 버려요. 그래서 씨를 내어 겨울을 난답니다. 땅속에 묻혀 있던 씨가 봄이 되면 싹을 틔우는 거죠. 민들레, 튤립 같은 여러해살이 풀은 땅속에 뻗은 뿌리로 겨울을 나요. 땅 위에서 보면 죽은 것 같지만, 겨우내 살아서 이듬해 봄 다시 싹을 틔워요.

추운 남극에도 식물이 살까요?

한겨울에는 기온이 영하 70도까지 내려가는 남극! 이런 곳에도 식물이 살아요. 바로 남극좀새풀(남극잔디)이에요. 남극좀새풀의 꽃은 확대경으로 보아야 겨우 보일 만큼 작아요.

이끼는 남극에서 비교적 흔하게 볼 수 있는 식물이에요. 땅과 가장 가깝게 자라며 추위와 거센 바람에도 온도를 유지할 수 있어요. 남극의 이끼는 자라는 속도가 아주 느려서 100년에 1센티미터 정도밖에 안 큰다고 해요. 이끼는 남극뿐 아니라 햇볕이 뜨거운 열대 지방에서도 자라요. 이끼는 뿌리로 땅에서 물을 빨아들이지 못하는 대신 공기 중의 수분을 흡수할 수 있어요. 비가 오면 온몸으로 물기를 빨아들여 저장해서 비가 오지 않을 때를 대비하지요. 몸 안에 저장해 둔 수분으로 건조한 날과 추운 날씨를 견디는 이끼는 정말 생명력이 강한 식물이에요.

보이지 않지만 힘이 세요!

누가 센지 볼래?

놀이터에서 오늘도 한판 싸움이 벌어졌어요.

동네에서 가장 몸집이 큰 석이가 지우를 때려눕힌 거예요. 하루가 멀다 하고 싸움만 하는 석이는 동네의 말썽꾸러기예요. 석이는 몸집도 크지만 힘이 무지무지하게 세요. 아마 석이를 이길 아이는 아무도 없을 거예요.

지우가 씩씩대며 석이를 노려봤어요.

"두고 봐. 가만두지 않을 거야!"

"가만두지 않으면 어떡할 건데? 또 까불면 혼날 줄 알아."

석이는 코웃음을 쳤어요.

한 달이 지났어요. 석이가 또 아이들을 괴롭혔어요.

그러자 예전에 싸웠던 지우가 석이 앞에 나타났어요. 싸우려고 달려드는 석이를 쳐다보며 지우가 말했어요.

"잠깐! 싸움은 나중에 하고 정말 누구 힘이 더 센지 알아보자!"

"너랑 나 중에 누구 힘이 센지 알아보자고? 정말 웃기시네."

석이가 마구 비웃었어요. 지우도 지지 않고 말했어요.

"결과는 해 보면 알 거 아니야."

석이는 지우의 제안을 받아들였어요.

"어떻게 알아볼 건데?"

"운동장에 있는 잡초를 더 빨리 뽑는 사람이 이기는 걸로 하자. 단, 뿌리까지 뽑아야 해."

석이는 피식 웃었어요. 잡초라면 한눈에 봐도 힘없고 작은 풀에 불과했으니까요. 석이가 자신 있게 말했어요.

"좋아, 나중에 후회하지 마라."

"만약에 네가 지면 더는 약한 애들을 괴롭히지 마."

지우도 다부지게 말했어요.

드디어 두 아이가 운동장에 도착했어요. 구경하러 온 아이들이 석이와 지우를 둥그렇게 둘러쌌어요. 석이는 '시작' 소리가 들리자마자 잡초를 손에 움켜잡았어요. 그리고 있는 힘껏 잡아당겼어요. 하지만 매번 나동그라지기 일쑤였어요. 손에 남은 건 중간에서 끊긴 잎사귀뿐이었지요.

"왜 이렇게 안 뽑히는 거야!"

석이가 씩씩댔어요. 그러는 동안 지우는 손으로 잡초 주변의 땅을 살살 팠어요. 그리고 엉킨 뿌리들을 하나씩 살살 꺼내었어요. 뿌리가 어찌나 넓게 퍼져 있는지 뿌리를 정리하기가 쉽지 않았어요. 석이가 씩씩대다 엉덩방아를 찧는 사이, 지우는 잡초 한 뿌리를 드디어 뽑아냈어요.

"와, 지우가 이겼다!"

두 아이를 둘러싸고 있던 아이들이 소리쳤어요.

석이가 땅바닥에 주저앉은 채로 지우를 쳐다보

았어요. 정말로 지우의 손에 잡초 한 뿌리가 들려 있었어요.

"내가 이겼어."

지우가 말했어요. 석이 얼굴이 붉으락푸르락해졌어요.

"보잘것없는 잡초도 뿌리가 단단해서 뽑기는 어려워. 겉으로 약해 보인다고 진짜로 약한 건 아니란 말이야."

지우의 말에 석이는 고개를 숙였어요. 석이는 지우의 손에 있는 잡초를 보았어요. 작고 약한 뿌리가 무수히 많았어요.

'저 뿌리들이 잡초를 더 튼튼하게 해 주는 거구나.'

석이는 부끄러웠어요.

"좋아, 나도 이제부터 약한 애들을 괴롭히지 않을게. 대신 너희 모두 내 친구가 되어 줘."

"물론이야!"

석이와 지우, 그리고 곁에 모인 아이들은 모두 기분이 좋아졌어요. 겉모습이 전부가 아니라는 걸 배운 날이었어요.

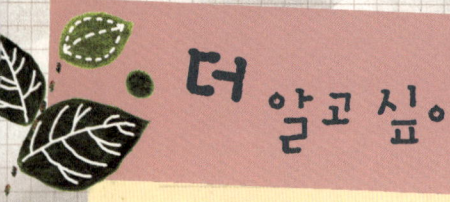

왜 뿌리가 가장 먼저 나오나요?

씨앗에서 싹이 틀 때에 가장 먼저 나오는 것은 뿌리예요. 식물을 지탱하는 것이 뿌리이기 때문이에요. 처음에는 실처럼 아주 가늘었던 뿌리털이 자라면서 식물을 지탱해 주는 튼튼한 뿌리가 된답니다.

뿌리는 어떻게 이루어졌나요?

뿌리는 한가운데에 있는 굵고 곧은 원뿌리, 원뿌리에서 퍼져 나간 곁뿌리, 실처럼 가는 뿌리털로 이루어져 있어요. 뿌리 아래쪽에는 생장점이 있는데, 이곳에서 세포 분열이 활발히 일어나 뿌리가 계속해서 자라는 거예요. 이처럼 중요한 생장점을 뿌리골무가 보호해 주지요.

원뿌리
뿌리털
곁뿌리

뿌리가 하는 일은 무엇인가요?

뿌리는 식물이 쓰러지지 않도록 지탱하는 것 말고도 아주 중요한 역할을 맡고 있어요. 바로 물과 양분을 흡수하는 일이에요. 뿌리의 가장자리에 난 뿌리털들이 물과 양분을 빨아들이지요.

사막에서 살아남기, 선인장

사막은 비가 거의 내리지 않는 아주 건조한 곳이에요. 선인장은 어떻게 사막에서 살아남을 수 있을까요?

선인장은 뿌리를 땅속 깊이 내리지 않고 땅 표면 가까운 곳에 넓게 뻗어요. 그래야 땅 표면에 있는 습기를 많이 모을 수 있기 때문이에요.

'사구아로'라는 선인장은 20미터까지도 자라고, 10톤이 넘는 물을 저장할 수 있어요. 이렇게 거대하게 자랄 수 있는 비결은 자기 키의 두 배나 되는 뿌리에 있어요. 뿌리를 땅 표면 가까이에 넓게 뻗어서 아주 적은 양의 물이라도 빨아올려 줄기에 저장을 한답니다.

선인장이 사막에서 살아남을 수 있는 또 다른 이유는 가시에 있어요. 선인장은 넓은 잎 대신 뾰족한 가시를 가지고 있어요. 가시는 저장한 물이 공기 중으로 날아가지 않도록 붙잡아 주지요. 또 줄기를 촘촘히 감싸 모래바람을 막고, 그늘을 만드는 역할도 해요.

선인장은 잎 대신 줄기에 엽록소가 있어 광합성을 하고 양분을 만들지요. 둥근 줄기는 왁스를 발라 놓은 것 같은 막으로 덮여 있어 물이 증발하는 것을 막아요.

날 우습게 보지 마!

545호 별에는 한 소년이 장미 한 송이를 키우며 살고 있었어요. 그러던 어느 날, 소년은 지구에는 장미보다 더 아름다운 꽃들이 많다는 이야기를 들었어요.

꽃이 활짝 핀 오월, 소년은 비행접시를 타고 지구에 왔어요. 들은 대로 지구는 정말 아름다웠어요.

'이 꽃들을 다 우리 별에 가져갈 수는 없을까?'

소년은 꽃밭으로 가서 탐스러운 진달래에게 물었어요.

"얘들아, 나와 함께 우리 별에 갈래?"

진달래가 말했어요.

"그곳에도 나비와 벌이 있니?"

"아니, 없어. 그게 뭔데?"

"나비와 벌이 있어야 예쁜 꽃을 피울 수 있어. 우린 안 갈래."

진달래의 말에 소년은 실망했어요. 소년은 다른 꽃들에게도 물어보았어요. 하지만 대답은 모두 같았어요. 소년은 힘이 빠졌어요. 땅 위에 낮게 핀 민들레가 소년에게 말했어요.

"꽃이 왜 피는지 생각해 봐. 번식하기 위해서야. 그런데 암술과 수술을 만나게 해 줄 벌과 나비가 없으면 꽃의 생명이 끝나는 거잖아. 참, 바람도 아주 중요하지. 그런데 네가 사는 곳엔 아무것도 없잖아."

"그래도 머리카락이 날릴 만큼의 바람은 있다고."

소년은 자신을 따라가 줄 꽃을 찾아 계속 걷다가 작은 손같이 생긴 풀을 만났어요.

"넌 이름이 뭐니?"

"내 이름은 고사리야."

"넌 꽃을 피우지 않니?"

"응, 나에겐 꽃이 없어."

"그러면 내년에는 볼 수 없겠구나."

"무슨 소리! 난 꽃이 없어도 씨앗을 만들 수 있어. 잎에 있는 작은 주머니에서 씨를 키울 거거든. 홀씨가 자라서 터지면 다음 해에도 다시 자랄 수 있어."

우리 별에 갈래?

"정말? 꽃이 없어도 다음 해에 또 자란단 말이야?"

소년은 고사리를 살펴보았어요. 꽃은 없지만 생긴 모양이 참 마음에 들었어요. 고사리가 또 말했어요.

"그뿐이야? 내 어린싹을 사람들이 참 좋아해. 나물을 무쳐 여러 음식에 넣어 먹지."

고사리는 손같이 생긴 줄기를 자랑스럽다는 듯이 흔들어 보였어요. 소년은 고사리에게 자기와 함께 떠나지 않겠느냐고 물었어요. 고사리는 그러겠다고 대답했어요.

545호 별에 도착한 소년은 고사리를 장미 옆에 심었어요. 장미보다 아름답지는 않았지만, 식물이라고는 장미 한 송이밖에 없는 545호 별에선 고사리도 예뻐 보였어요.

다음 해, 장미는 시들어 죽고 말았어요. 소년은 너무 슬펐어요. 하지만 고사리에는 다시 어린싹이 돋아나고 있었지요. 소년에게 좋은 생각이 떠올랐어요.

꽃이 없는데 다음 해에 또 자란다고?

내가 좀 대단해!

'지구 사람들이 고사리순을 좋아한다고 했잖아. 고사리를 말려서 파는 거야. 그렇게 번 돈으로 꽃집에서 꽃을 사 오면 잠깐이라도 꽃을 볼 수 있겠지.'

소년은 고사리순을 가지고 지구로 갔어요. 소년의 생각대로 고사리순은 잘 팔렸어요. 소년은 545호 별로 돌아가기 전에 꽃집에 들러 여러 종류의 꽃을 샀어요. 소년의 바람대로 이제 545호 별에는 고사리와 소년, 그리고 색색의 꽃이 있게 되었어요. 고사리가 있는 한 소년도 해마다 예쁜 꽃들을 볼 수 있을 거예요.

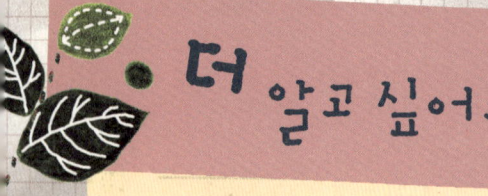

꽃이 피지 않는 식물도 있나요?

식물의 꽃은 하나같이 아름다운 모습을 하고 있어요. 식물이 꽃을 피우는 이유는 번식을 하기 위해서예요. 하지만 모든 식물이 꽃을 피우는 것은 아니랍니다. 꽃을 피우지 않는 식물도 있는데, 이를 '민꽃식물'이라고 해요.

 ### 민꽃식물에는 어떤 종류가 있나요?

민꽃식물에는 균류와 조류, 선태식물과 양치식물이 있어요.

대표적인 균류는 버섯이에요. 버섯은 뿌리, 줄기, 잎의 구분이 없고 곰팡이로 이루어졌어요. 곰팡이가 피워 낸 꽃이 바로 버섯이지요. 엽록소가 없어서 죽은 동물이나 식물의 몸에 붙어 살아가요. 버섯이 자라는 동안 죽은 동식물은 분해되어 자연으로 돌아가고요.

조류는 물속에 사는 식물로 미역이나 다시마, 파래 같은 것이 있어요. 선태식물은 이끼류를 말해요. 그리고 대표적인 양치식물로는 고사리가 있어요.

민꽃식물은 꽃을 피우지 않고 홀씨주머니를 터뜨려서 번식해요. 다 자란 민꽃식물이 자기의 세포를 쪼개어 홀씨를 만드는데, 홀씨는 그 크기가 아주 작아서 눈에 잘 보이지도 않아요. 홀씨들은 공기 중에 떠다니다가 알맞은 물, 온도, 양분이 있는 땅에 떨어져 싹을 틔워요.

고사리는 어떻게 자손을 퍼뜨리나요?

고사리는 홀씨로 번식하는 대표적인 식물이에요. 꽃이 없어도 씨앗을 만들 수 있는데, 그건 잎의 뒷면에 홀씨주머니를 가지고 있기 때문이에요.

날씨가 따뜻하고 건조해지면 홀씨주머니가 저절로 터지면서 홀씨들이 땅에 떨어져요. 땅에 떨어진 홀씨는 편평한 초록색 잎 모양으로 자라는데, 이것을 '전엽체'라고 해요. 전엽체에서 생긴 정자와 난세포가 만나면 어린 고사리가 자라게 되지요. 솔잎난과 석송도 고사리와 같은 방법으로 번식해요.

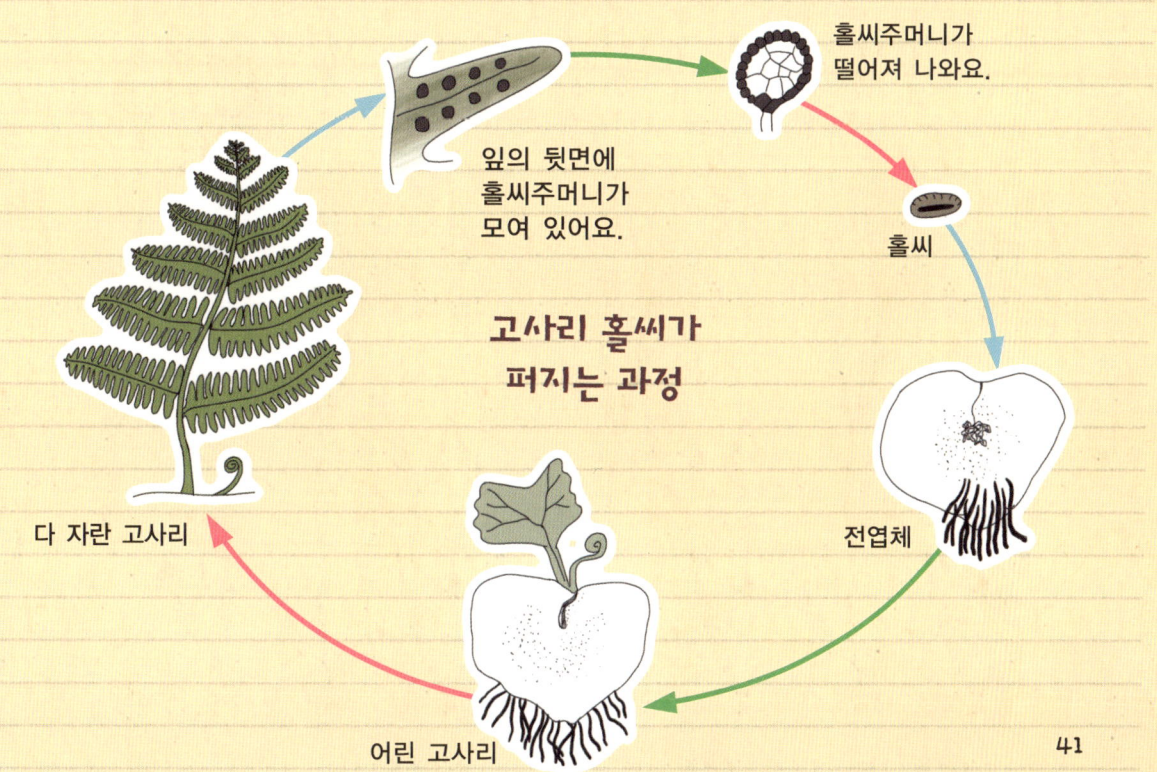

고사리 홀씨가 퍼지는 과정

이야기. 일곱

줄기 속에서 무슨 일이?

"저리 좀 떨어져."

엄마와 철이는 식목일이라 나무를 심으러 산에 갔어요. 하지만 엄마는 철이가 찰싹 붙어 있는 바람에 아무것도 할 수가 없었어요. 철이는 매미처럼 엄마에게 딱 붙어 꼼짝도 하지 않았어요.

"엄마가 좋아서 그래요. 좋아하는 사람끼리는 붙어 지내야 한다고 엄마가 그랬잖아요."

엄마는 철이에게 눈을 흘겼어요. 철이는 그제야 엄마에게서 떨어졌어요. 엄마는 나무를 심기 시작했어요. 엄마가 묘목 몇 그루를 심은 뒤 철이를 돌아보았어요. 그런데 철이가 엄마가 심은 묘목을 뽑아 한데 모아 심고 있는 거예요.

"철아, 뭐 하는 거야!"

"엄마, 같은 날 심으니까 이 나무들

도 쌍둥이나 마찬가지잖아요. 그러니까 옆에 딱 붙어 지내야 좋죠. 떨어져 있으면 외롭잖아요."

"이 녀석아, 틀린 말은 아니지만 그렇게 바짝 심으면 안 돼."

엄마가 철이를 데리고 더 깊은 숲으로 들어갔어요. 숲 속에는 큰 나무들이 많았어요.

"이 나무들을 보렴. 우리가 조금 전에 심었던 나무들이 자라서 이렇게 큰 나무가 되는 거야."

엄마는 큰 갈참나무를 안았어요. 철이도 엄마를 따라 갈참나무를 안았어요. 팔을 다 뻗었는데도 나무의 반밖에 안을 수 없었어요. 엄마가 말했어요.

"나무는 계속해서 자란단다. 수십 년, 아니 수백 년 사는 나무도 있어. 그런데 나무끼리 바짝 심으면 잘 자랄 수 있겠니?"

철이도 생각했어요. 누군가 철이에게 바짝 붙어 있다면 너무 갑갑할 거예요. 철이는 궁금한 게 생겼어요.

"나무줄기는 어떻게 굵어지는 거예요?"

엄마가 철이를 보고 환하게 웃었어요.

"너도 한 해가 지나면 키가 크고 몸도 커지잖아. 나무도 마찬가지야. 나무도 흙에 있는 양분과 물을 먹고 한 해 한 해 큰단다. 이 꺼칠꺼칠한 줄기 속에는 영양소를 운반하는 관들이 있어. 그 관을 통해서 뿌리에서

잎까지 영양분이 왔다 갔다 하면서 나무도 자라는 거야."

철이는 큰 갈참나무를 두드려 보았어요. 그리고 나무줄기에 귀도 대 보았어요. 줄기 속에서 무언가 분주하게 움직이는 소리가 들리는 듯했어요. 철이는 갈참나무를 이리저리 둘러보다가 나무 아래 자란 작은 꽃들을 발견했어요.

"엄마, 여기 좀 보세요. 꽃의 줄기는 이렇게 가늘어요. 이 줄기는 더 자랄 것 같지 않은데요?"

엄마도 철이 옆에 쪼그리고 앉았어요.

"맞았어. 꽃의 줄기는 갈참나무처럼 굵어지지 않을 거야. 하지만 그 여린 줄기 안도 영양분을 옮기느라 바쁠걸."

철이는 새삼 모든 꽃과 나무들이 대단해 보였어요. 철이는 얼른 아까 심었던 묘목이 있던 자리로 뛰어갔어요. 그리고 바짝 붙여 심었던 묘목들을 처음 엄마가 심었던 대로 옮겨 놓았어요.

"엄마, 궁금한 게 있는데요, 내가 만날 엄마 옆에 바짝 붙어 있어서 엄마가 다 자라지 못한 거예요?"

철이는 키가 작은 엄마에게 진지한 얼굴로 물었어요. 엄마의 얼굴이 갑자기 발그레하게 물들었어요.

"그, 그, 그럼……. 그러니까 이제 엄마한테 너무 붙지 마."

철이는 진심으로 엄마에게 미안한 생각이 들었어요. 그래서 산에서 내려오는 길에는 엄마와 한참 떨어져 저만치 걸어갔답니다.

더 알고 싶어요

줄기에는 어떤 비밀이 숨어 있나요?

줄기가 없으면 식물은 어떻게 될까요? 사람은 음식을 먹은 후 몸의 각 부분으로 영양소가 골고루 전해져야 튼튼하게 자랄 수 있어요. 식물도 마찬가지예요. 줄기는 물과 양분을 운반하는 역할을 한답니다.

영양분을 운반하는 '물관'과 '체관'

줄기는 물관과 체관으로 이루어져 있어요. 영양분을 운반하는 길이지요. 물관은 뿌리에서 흡수한 물을 잎으로 옮겨 줘요. 체관은 잎에서 광합성으로 만들어진 양분을 뿌리로 옮기는 일을 해요. 물관과 체관이 영양분을 위아래로 계속해서 날라 주어야 꽃을 피우고 열매를 맺을 수 있어요.

줄기를 뚱뚱하게 키우는 '형성층'

어떤 식물의 줄기에는 물관과 체관 사이에 형성층이 있어요. 형성층 안에 있는 살아 있는 세포들이 성장하면서 줄기가 굵어지지요. 복숭아나무나 느티나무처럼 말이에요. 하지만 형성층이 없는 보리, 옥수수, 강아지풀 같은 식물은 줄기가 굵어지지 않는답니다.

〈형성층이 있는 식물의 줄기 속〉

감아야 산다! 덩굴줄기

식물의 줄기가 위로만 뻗는 것은 아니에요. 덩굴 줄기는 줄기의 끝이 어딘가에 닿으면 그곳을 감는 성질이 있어요.

나팔꽃은 줄기가 가늘고 얇기 때문에 위로 뻗을 힘이 없어요. 그래서 다른 식물이나 주변에 있는 물체를 감고 올라가는 방법을 선택했어요. 나팔꽃의 줄기는 시계 반대 방향으로 감는 특징이 있어요. 누군가 심술을 부려 줄기의 방향을 오른쪽으로 바꾸어 놓아도 나팔꽃은 왼쪽을 고집한답니다.

포도나무나 머루의 줄기에서 나온 덩굴손도 다른 식물이나 물체를 감아 줄기를 지탱해요. 줄기에 달린 열매를 떨어뜨리지 않도록 담쟁이덩굴은 붙임뿌리를 이용해서 벽에 붙어 살아요.

초록 잎에서 일어난 기막힌 사건

오늘도 엄마는 새 화분을 사 왔어요.

"엄마, 우리 집에 화분이 몇 개나 있는 줄 아세요?"

"글쎄다."

"이 화분이 쉰일곱 번째 화분이라고요. 이러다가는 집이 아니라 식물원이 되겠어요."

나는 엄마에게 잔소리를 했어요. 하지만 엄마는 내 말은 들은 척도 하지 않았죠.

엄마는 오히려 더 많은 식물을 들여놓았어요.

그러던 어느 날이었어요. 세상에 있는 나무들이 다 잘려 나가 숲은 사막이 되고 꽃밭은 주차장이 되었어요. 어디를 가도 꽃이나 나무는 볼 수가 없었어요. 사람들은 꽃 대신 돈을 선물 받는 것을 좋아했어요. 산에 가는 것보다 집에 앉아 게임을 하는 것을 좋아했죠. 누구 하나 사라진 꽃과 나무를 그리워하는 사람이 없었어요.

하지만 시간이 지날수록 사람들의 불평은 늘었어요.

"자동차 때문에 공기가 너무 안 좋아졌어."

"먼지는 또 어떻고요. 먼지가 날려 숨을 쉴 수가 없다고요."

우리 가족도 밖에선 늘 마스크를 쓰고 다녔어요. 그러다 집에 돌아오면 당장 갑갑한 마스크를 벗어 버렸어요.

엄마가 키운 나무 중에는 어느새 지붕까지 닿을 만큼 큰 것도 있었어요. 창문을 통해 우연히 우리 집 안을 본 이웃 아줌마가 문을 두드렸어요.

"이 집에 나무가 있어요?"

집에 들어온 아줌마는 입을 떡 벌렸어요.

"이 꽃이랑 나무 좀 봐. 아이, 상쾌해. 습도도 적당하고. 이 집에서 하루만 살았으면."

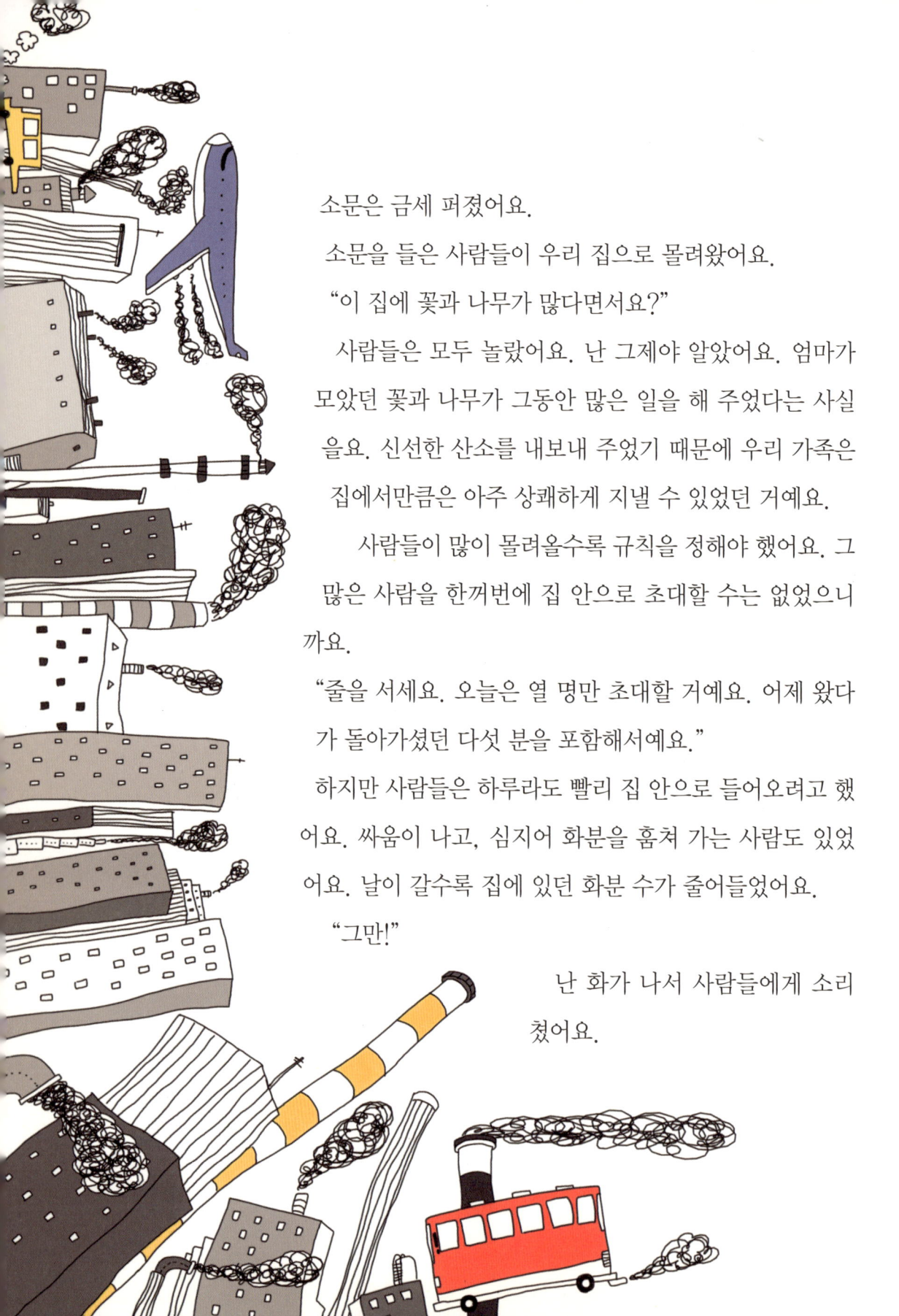

소문은 금세 퍼졌어요.

소문을 들은 사람들이 우리 집으로 몰려왔어요.

"이 집에 꽃과 나무가 많다면서요?"

사람들은 모두 놀랐어요. 난 그제야 알았어요. 엄마가 모았던 꽃과 나무가 그동안 많은 일을 해 주었다는 사실을요. 신선한 산소를 내보내 주었기 때문에 우리 가족은 집에서만큼은 아주 상쾌하게 지낼 수 있었던 거예요.

사람들이 많이 몰려올수록 규칙을 정해야 했어요. 그 많은 사람을 한꺼번에 집 안으로 초대할 수는 없었으니까요.

"줄을 서세요. 오늘은 열 명만 초대할 거예요. 어제 왔다가 돌아가셨던 다섯 분을 포함해서예요."

하지만 사람들은 하루라도 빨리 집 안으로 들어오려고 했어요. 싸움이 나고, 심지어 화분을 훔쳐 가는 사람도 있었어요. 날이 갈수록 집에 있던 화분 수가 줄어들었어요.

"그만!"

난 화가 나서 사람들에게 소리쳤어요.

"정말 너무해요. 이건 우리 엄마가 힘들게 모은 거라고요. 인제 그만 모두 우리 집에서 나가 주세요!"

울며불며 사람들을 밀치고 소리를 질렀어요. 그때 누군가 나를 흔들었어요.

"어머, 얘가 무슨 일이야. 어서 일어나!"

눈을 떠 보니 엄마였어요. 베란다에서 물을 주는 엄마를 보다가 깜박 잠이 들었던 거예요. 후다닥 일어나서 화분들을 보았어요. 그리고 밖도 내다보았어요. 집 앞에 있던 목련이랑 감나무가 그대로 있었어요.

"휴, 다행이다."

나무의 잎이 산소를 내보내는 중요한 역할을 한다는 걸 잊고 있었다니! 엄마에게 잔소리한 것이 미안했어요.

돌아오는 엄마 생신에는 엄마가 좋아하는 꽃나무를 선물해 드릴까 봐요.

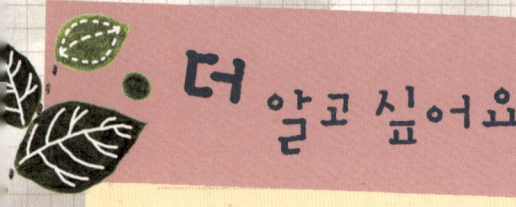

더 알고 싶어요

잎이 숨을 쉰다고요?

식물의 잎에는 엽록체가 있어요. 엽록체를 구성하는 것은 엽록소예요. 엽록소 때문에 잎이 녹색으로 보이는 것이지요. 엽록소는 광합성을 하는 데 꼭 필요한 물질이에요. 엽록소는 햇빛을 받아 잎 속에 있는 물과 이산화탄소를 녹말로 만들어요. 이 녹말이 식물에게 중요한 영양분이 되는 거지요.

잎도 사람처럼 숨을 쉬어요. 잎의 뒷면에 있는 기공이 그 역할을 해요. 기공을 통해 광합성에 필요한 이산화탄소가 들어오고, 광합성을 하며 만든 산소가 나가지요. 산소를 들이마셔야 살 수 있는 사람과 동물은 식물의 덕을 톡톡히 보고 있는 것이랍니다.

잎이 수분을 조절한다고요?

잎에 있는 기공은 수증기를 내보내는 일도 해요. 뿌리에서 올라온 물을 필요한 만큼만 쓰고 나머지는 공기 중으로 내보내요. 이때, 물이 수증기로 변하면서 주위의 열을 흡수해요. 그러면 잎 주변의 온도가 낮아지지요. 더운 여름철, 나무가 많은 숲에 가면 왜 시원해지는지 알겠죠?

갖춘잎과 안갖춘잎

잎은 식물에 따라서 모양이 다 달라요. 잎은 잎새, 잎자루, 턱잎 세 부분으로 이루어져 있어요. 잎새가 바로 광합성을 하는 장소이지요. 잎자루는 잎새를 줄기에 붙어 있게 하는 역할을 하고, 턱잎은 어린잎을 보호하지요. 하지만 모든 잎이 잎새와 잎자루, 턱잎을 가진 것은 아니에요. 세 가지를 다 가지고 있는 잎을 '갖춘잎'이라고 하고, 세 가지 중 한 가지라도 없는 잎을 '안갖춘잎'이라고 해요. 동백나무와 오이의 잎은 턱잎이 없는 안갖춘잎이고, 백일홍은 잎자루가 없는 안갖춘잎이에요.

홑잎과 겹잎

홑잎은 한 개의 잎자루에 한 장의 잎이 달려 있는 것을 말하고, 겹잎은 한 개의 잎자루에 여러 개의 작은 잎이 나뉘어 달려 있는 것을 말해요. 배나무, 벚나무, 깽깽이풀 등이 홑잎이고, 싸리나무, 아까시나무, 토끼풀 등이 겹잎이에요.

이야기. 아홉

아기 때 얼굴 기억하기

식물을 연구하는 하하 박사의 조수 호호 양은 오늘도 식물원을 거닐고 있었어요.

"참 신기하지. 잎들도 저마다 생김새가 다르단 말이야."

노랗게 핀 튤립이 보였어요.

"어머, 예뻐라. 꽃잎이 하나, 둘, 셋……."

호호 양이 꽃잎을 세고 있는데, 어디선가 하하 박사가 나타났어요.

꽃잎 1장
꽃잎 2장
꽃잎 3장

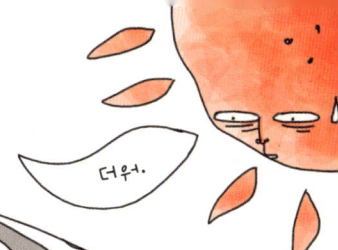

"이런, 무식한 조수 같으니라고. 어릴 때 모습을 기억하라고 그렇게 일렀건만."
호호 양은 어리둥절했어요.
"박사님, 그게 무슨 말씀이신지……."
"튤립의 떡잎이 몇 장이었느냐?"
"한 장이었죠."
"그러면 떡잎이 한 장인 외떡잎식물의 꽃잎은 아예 없거나 3의 배수로 난다고 내가 얘기했더냐, 안 했더냐?"
"아! 들었던 거 같아요."
호호 양은 머리를 긁적거렸어요.
"여길 봐라. 꽃잎이 세 장, 꽃받침이 세 장. 보이지?"
"전 이게 모두 꽃잎인 줄 알았어요. 그게 아니라 겉에 있는 것은 꽃받침이로군요!"
하하 박사는 공부를 안 하는 호호 양 때문에 눈앞이 캄캄했어요.
"잎자루가 없고, 잎맥이 줄줄이 나란한 것만 봐도 이건 외떡잎식물이 아니냐."
"맞아요."

호호 양은 짧게 대답했어요. 괜히 다른 말을 꺼냈다가 또 틀려서 하하 박사의 마음에 거슬리면 큰일이니까요.

하하 박사가 사과나무 앞에서 멈추었어요.

"이건 무슨 나무일까?"

하하 박사가 물었어요. 종종걸음으로 다가온 호호 양이 말했어요.

"사과나무잖아요. 담홍색 꽃은 지난달에 졌어요."

호호 양은 작년에 이 나무에 달린 사과를 따 먹었던 걸 기억하고 있었어요.

"사과나무의 떡잎은 몇 장이었느냐?"

"두 장입니다."

"그럼 잎은 모두 몇 장이었느냐?"

"음, 네 장…… 아니, 다섯? 아니면 여섯?"

호호 양은 사과나무가 쌍떡잎식물이란 것은 기억했지만, 꽃잎이 몇 장인지는 헷갈렸어요. 하하 박사는 호호 양의 머리를 콩 쥐어박았어요.

"쌍떡잎식물의 꽃잎 수는 4나 5의 배수라고

그렇게 일렀건만, 쯧쯧."

그러고 보니까 꽃잎이 다섯 장이었던 것이 생각났어요.

"그래서 어떻게 내 조수를 한다는 거냐. 처음부터 다시 배우고 오너라!"

식물이 좋아서 하하 박사의 조수가 되겠다고 제 발로 찾아온 호호 양이었어요. 하지만 아무리 공부해도 금세 잊어버리니 구박을 받을 수밖에요. 호호 양은 식물원을 나가면서 중얼거렸어요.

"누가 박사님 이름을 하하라고 지은 거야? 내가 보기엔 꽥꽥인데!"

호호 양은 열심히 공부해서 만날 꽥꽥거리며 화내는 하하 박사보다 더 유명한 식물학자가 되리라고 결심했어요.

'식물처럼 개성이 강한 것도 없단 말이야. 잎 모양 하나도 똑같은 식물이 없으니.'

호호 양은 장차 식물학자가 되어 있을 자신을 상상해 보았어요.

'그래, 나도 내 개성을 살려 깜박 박사라고 해야지.'

미래의 깜박 박사는 자신이 조수에서 해고되었다는 사실을 깜박 잊고, 싱글거리며 식물원을 나갔어요.

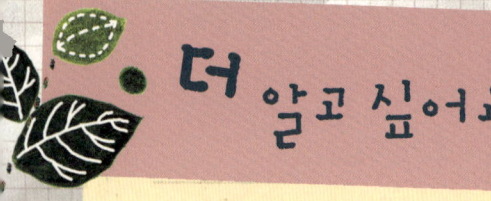

더 알고 싶어요

식물마다 떡잎의 수가 달라요

떡잎이란 씨앗이 움트면서 가장 처음 나온 잎을 말해요. 어떤 식물은 떡잎이 한 장이고, 어떤 식물은 떡잎이 두 장이지요. 떡잎이 한 장인 식물을 '외떡잎식물'이라고 하고, 떡잎이 두 장인 식물을 '쌍떡잎식물'이라고 해요.

떡잎만 봐도 알아요

외떡잎식물의 잎을 보면 잎맥이 나란해요. 그래서 나란히맥이라고 하지요. 쌍떡잎식물의 잎맥은 그물처럼 얽혀 있는 모양이라 그물맥이라고 해요.

꽃잎의 수도 달라요. 외떡잎식물은 꽃잎이 없거나 꽃잎 수가 3의 배수인 경우가 많으며, 쌍떡잎식물은 4나 5의 배수의 꽃잎을 가지고 있어요.

잎의 모양은 다 달라요

식물마다 잎의 생김새가 다르고, 잎이 줄기에 붙어 있는 모양도 달라요.

칡의 잎은 잎자루가 길고 세 장의 작은 잎이 나와요. 나팔꽃의 잎은 끝이 세 갈래로 갈라진 모양이지요. 단풍은 잎이 5~7개로 갈라져 있어요.

대부분 한 식물에서 난 잎의 모양은 같아요. 잎을 보고 어떤 나무인지 알아맞힐 수도 있지요. 그런데 한 식물에서 난 잎 모양이 저마다 다른 나무도 있어요. 바로 닥나무랍니다. 닥나무는 종이를 만드는 나무로도 유명해요. 닥나무의 잎은 한 그루에서 난 것인데도 모양이 가지가지예요. 마치 벌레가 갉아 먹은 것처럼 서로 다른 모양의 잎이 달려 있어요. 그렇지만 모두 닥나무 잎인 것만은 확실해요.

칡

단풍

나팔꽃

이야기. 열

날 이상하게 보지 말아 줘

솔이는 자기가 많이 변했다는 것을 깨달았어요. 아무리 생각해도 희한한 노릇이었어요.

예전 같으면 솔이 머리에 까치집이 생긴다는 건 상상도 할 수 없는 일이었어요. 매일매일 감고, 하루에도 몇 번씩 빗으며 깔끔을 떨던 솔이의 머리에 까치집이 생기다니! 피부는 또 어떻고요. 유난히 하얗던 얼굴은 시커멓게 변하고 말았어요.

부모님을 따라 시골로 내려온 지 일 년도 채 안 되었는데, 솔이는 처음과 많이 달라졌어요. 시골의 겨울은 너무 추워서 날마다 씻을 수가 없었어요. 고작 일주일에 한 번, 그것도 이를 악물고 결심해야 씻을 수 있었요. 봄부터는 신기한 것들이 얼마나 많은지 들로 산으로 쏘다니느라 정신이 없었고요. 그러니 얼굴은 햇볕에 그을리고 옷은 더러워질 수밖에요.

여름 방학을 맞아 서울에서 친구들이 놀러 왔어요. 친구들은 솔이를 보자마자 뒤로 넘어갈 뻔했어요.

"넌 누구냐!"

친구들이 눈을 동그랗게 뜨고 물었어요.

"나야, 나. 농담은 그만하고 나를 따라와 봐."

솔이는 어리바리한 친구들을 데리고 연못으로 갔어요.

"저 꽃 너무 신기하지 않니? 부레옥잠인데 물에 떠서 살아."

솔이는 부레옥잠의 잎을 들어 친구들에게 보여 주었어요.

"이것 봐, 잎에 공기가 빵빵하게 들어갔지? 물에 떠서 살려면 다른 잎과는 달라야 하거든."

친구들은 솔이를 쳐다봤어요.

"내 말은 시골에서 살면 잘 씻지 못하고 얼굴도 검어지는 게 당연하다고. 이렇게 재밌는 게 많은데 너희라면 안 돌아다니고 배길 수 있겠어?"

친구들은 서울에 살 때는 집에서 게임만 하던 솔이가 변한 것이 신기하기만 했어요. 하지만 솔이를 따라 이곳저곳 구경하다 보니 시간 가는 줄 몰랐어요.

해거름이 다 되어 솔이와 친구들은 집으로 돌아왔어요. 친구들은 짐을 정리하다가 준비해 온 솔이의 선물이 생각났어요.

"야, 이거 선물이야. 네가 게임을 많이 하니까 컴퓨터 옆에 놓으라고 선인장을 가져왔는데, 이젠 게임 안 하니까 필요 없겠다."

한 친구가 말했어요.

"그래도 가끔은 할 거 아냐. 선인장이 전자파를 없애 준다니까 잘 키워 봐. 가시 조심하고."

다른 친구가 끼어들었어요.

솔이는 선인장 화분을 받아 들고 조심스럽게 만져 보았어요.

"그러다 찔린다."

한 친구가 말하자 솔이가 대답했어요.

"고마워. 그런데 이 가시가 원래는 잎이었다는 거 알아?"
"잎? 말도 안 돼."
친구들은 못 믿겠다는 표정을 지었어요.
"선인장이 어디 사냐? 사막에 살잖아. 사막을 생각해 봐. 물 위에 사는 부레옥잠 잎자루에 공기가 들어가 있는 거랑 시골에 사는 내가 까매진 거랑 같아."
잠시 고민하던 아이들이 손뼉을 탁 쳤어요.
"아! 사막은 물이 없잖아."
"맞아, 잎이 넓으면 물도 많이 필요하니까 가시로 변한 거지."
친구들은 솔이를 다시 봤어요.
"솔이가 여기 와서 더 똑똑해진 거 같네."
"그러게 말이야. 우리도 시골로 이사하자고 할까?"
친구들과 솔이는 서로 바라보며 함박웃음을 지었어요.

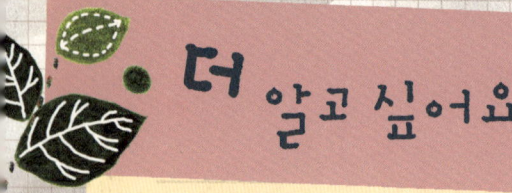

특이하게 변한 잎

잎이 특이한 모양으로 변한 것은 식물이 사는 환경과 관계가 있어요.

부레옥잠은 물에서 사는 식물이에요. 부레옥잠이 물에 떠서 살 수 있는 것은 잎의 역할이 크답니다. 부레옥잠은 공처럼 부푼 잎자루 속에 공기가 들어 있어 물에 뜰 수 있는 거예요.

아까시나무의 턱잎이 변하여 생긴 가시는 스스로 보호하는 역할을 해요. 또한 개미가 살 수 있는 공간을 제공하기도 해요. 이것은 아까시나무의 양분을 빼앗으려는 다른 동물을 개미가 물리쳐 주기 때문이랍니다.

완두는 잎의 끝 부분이 변해 덩굴손이 되었어요. 덩굴손은 다른 물체를 감고 올라가며 자라요. 곧게 서지 못하는 덩굴 식물의 줄기가 지탱할 수 있도록 도와주는 것이에요.

부레옥잠

아까시나무

완두

자갈처럼 위장하는 자갈풀

　잎의 색과 모양을 변화시켜 자신을 보호하는 식물도 있어요.

　남아프리카의 나미브 사막에는 '페블플랜트'라는 식물이 있어요. 이 식물은 자갈풀이라고도 부르지요. 모양이나 빛깔이 자갈하고 닮아서 사막에 사는 초식 동물들에게 먹히지 않아요. 자갈풀은 잎이 단 두 장뿐이에요. 비가 거의 내리지 않는 사막에서 살려면 잎이 많아선 안 돼요. 겉모습은 자갈처럼 생겼지만, 잎의 아랫부분에 초록 엽록소를 가지고 있어 광합성도 할 수 있답니다. 사막 근처에 있는 바다에서 생기는 안개로부터 물을 얻지요.

　살아남으려고 환경에 적응하는 식물의 노력이 정말 대단하지요?

자갈풀

이야기. 열하나

나를 보호해 주어요

바다에서 생활하는 선원들이 있었어요. 고기를 잡으러 한 번 나가면 몇 달씩 배를 탔지요. 매일 보는 것이라곤 고등어나 꽁치 같은 물고기뿐이었어요. 선원들은 육지에 피는 꽃들이 너무 그리웠어요.

선원 중 가장 어린 철이는 선원들을 기쁘게 해 주고 싶었어요. 잠시 육지에 들렀을 때, 철이는 작은 항아리 하나를 들고 배에 탔어요.

"그게 뭐니?"

나이 많은 선원들이 물었지만 철이는 웃기만 할 뿐 아무 말도 하지 않았어요.

배가 바다 한가운데에 이르자

철이는 조심스럽게 항아리를 가지고 갑판 위로 나왔어요. 그리고 항아리 뚜껑을 열어 안에 든 것을 꺼냈어요.

"꽃이에요, 꽃! 제가 꽃을 가져왔다고요."

철이가 항아리에서 꺼낸 것은 꽃이었어요. 선원들은 하던 일을 멈추고 형형색색의 꽃들을 보았어요. 바다 위에서 보는 꽃은 더 아름다웠어요.

선원들이 모두 넋을 잃고 꽃을 보고 있을 때, 철이 옆으로 선장님이 다가왔어요.

"선장님, 제가 선장님과 선원 아저씨들을 위해서 꽃을 따 왔어요."

선장님이 꽃 한 송이를 집으며 말했어요.

"이런! 이 꽃은 영영 다시 태어날 수 없게 되었구나."

"그게 무슨 말씀이세요? 꽃을 해치지 않으려고 일부러 뿌리랑 줄기는 가져오지 않았는데요."

철이는 섭섭하고 억울했어요. 선장님이 말했어요.

"꽃 속에 비밀이 숨어 있지. 여길 보아라."

선장님은 손바닥에 놓인 꽃 한 송이를 철이에게 내밀었어요. 꽃 속에 암술과 수술이 보였어요.

꽃 안에 비밀이 있단다.

"꽃 속에 왜 암술과 수술이 들어 있는 줄 아니?"

철이는 아무 말이 없었어요.

"씨를 맺기 위해서야. 수술에서는 꽃가루를 만들고, 암술은 꽃가루를 기다리는 거지. 꽃가루와 암술이 만나면 씨앗이 맺힌단다."

철이는 선장님이 왜 그런 말을 하는지 알 수 없었어요.

"물고기가 왜 그렇게 많은 알을 낳는지는 알고 있지?"

"다른 물고기들한테 알이 먹히잖아요. 많이 낳아야 살아남는 알도 있을 거 아니에요?"

"그래, 그럼 다른 물고기들이 알을 다 먹어 버리면 어린 물고기들이 하나도 생기지 않겠구나."

"맞아요."

"꽃도 마찬가지야. 꽃은 씨앗을 맺으려고 피는 건데, 꽃이 씨앗을 만들기도 전에 이렇게 다 따 왔으니, 어떻게 식물이 생기겠니?"

그제야 철이는 선장님의 말뜻을 알 것 같았어요.

"전 선원 아저씨들을 기쁘게 해 드리고 싶었을 뿐인데……. 꽃이 그렇게 중요한 일을 하는지 몰랐어요."

철이는 금방이라도 울음을 터뜨릴 것 같았어요. 선장님은 철이를 꼭 껴안아 주었어요.

"네 마음은 우리가 잘 안단다. 울지 마라."

선원 아저씨들도 철이를 달랬어요.

"그럼, 그럼. 네 덕분에 바다 한가운데서 이렇게 예쁜 꽃을 봤잖니. 오늘은 어쩐지 물고기가 많이 잡힐 것 같은데!"

그때였어요. 배 위로 바람이 불더니, 바닥에 떨어진 꽃들을 들어 어딘가로 날려 보내는 거예요. 그 모습이 너무 신기해서 철이도 선원들도 선장님도 꽃이 사라질 때까지 바라보았어요.

"꽃을 육지로 데려가나 봐요!"

철이가 소리쳤어요. 그러고는 바람에게 속삭였어요.

"앞으로는 예쁘다고 꽃을 꺾지 않을게. 정말이야."

그 말을 들었는지 바람이 철이의 머리카락을 슬며시 쓰다듬고 지나갔어요.

오늘은 왠지 고기가 많이 잡히겠는걸!

더 알고 싶어요

식물은 왜 꽃을 피우나요?

식물이 꽃을 피우는 이유는 자손을 퍼뜨리기 위해서예요. 꽃은 암술과 수술, 꽃잎과 꽃받침으로 이루어져 있어요.

꽃의 각 부분은 어떤 일을 하나요?

암술과 수술은 씨를 만드는 역할을 해요. 수술은 꽃밥과 수술대로 이루어져 있어요. 꽃밥에서는 꽃가루가 만들어지지요. 암술은 맨 위쪽의 암술머리와 암술대, 그리고 씨방으로 이루어져 있어요. 암술머리에서 꽃가루를 받으면 암술대가 꽃의 아래쪽 씨방까지 꽃가루를 가져다줘요. 씨방 안에는 씨앗이 될 밑씨가 숨어 있어요. 여기에서 밑씨와 꽃가루가 만나면 씨가 만들어지는 거예요.

꽃받침과 꽃잎은 암술과 수술을 보호하는 역할을 해요. 특히 꽃잎은 향기와 색으로 벌레를 끌어들이는 역할도 한답니다.

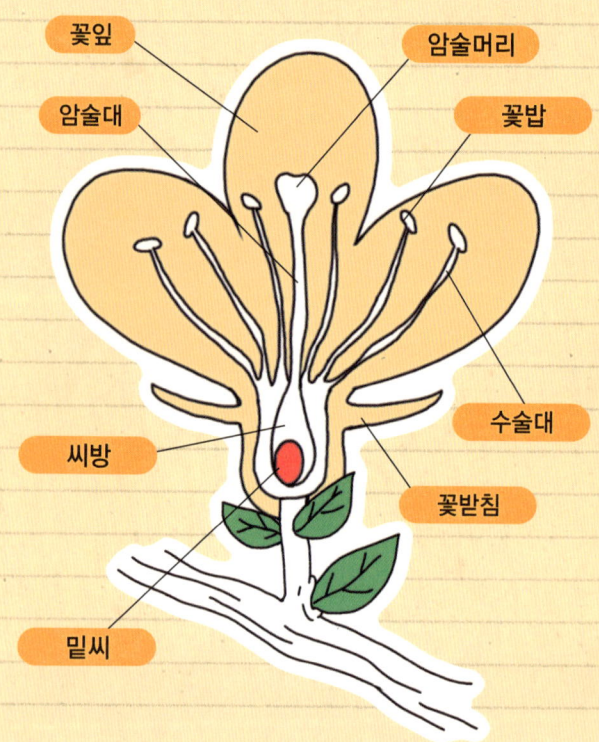

암꽃, 수꽃이 따로 피는 나무

모든 꽃에 암술과 수술이 함께 있는 것은 아니에요. 암술이나 수술 중 하나만 있는 꽃도 있어요. 이런 꽃들을 '단성화'라고 해요. 호박, 오이 등이 단성화예요.

암술만 있는 암꽃과 수술만 있는 수꽃이 한 그루에 함께 피는 나무가 있어요. 밤나무, 소나무 등이 그러한데, 이런 나무를 '암수한그루'라고 해요.

또, 암꽃과 수꽃이 다른 그루에 각각 피기도 해요. 이런 나무를 '암수딴그루'라고 해요. 은행나무, 버드나무 등이 있지요.

암수딴그루인 은행나무는 서로 가까운 거리에 있는 암수 두 그루가 바람을 통해 만나야만 수정이 되어 은행이 열려요. 어느 것이 암나무이고 어느 것이 수나무인지 궁금하다고요? 노란 은행이 열리는 나무가 바로 암나무랍니다.

이야기. 열둘

친하게 지내요

일요일 오후, 나는 친구들과 공원에서 만나기로 했어요. 식물을 조사해 오라는 숙제를 하기 위해서였지요. 승태와 완기, 송이와 새별이 그리고 나. 다섯 명이 같은 모둠이에요. 봄이라 공원에는 꽃도 많이 피고 날씨도 좋아서 사람들이 많았어요.

"저 벚꽃 좀 봐."

새별이가 벚나무를 가리켰어요. 공원에는 벚나무가 많았는데 활짝 핀 벚꽃이 눈처럼 하얗게 빛났어요.

"와, 정말 예쁘다."

모두 입이 딱 벌어졌어요. 그러고 보니 작년에 아빠와 산책을 하다 벚나무에 열린 버찌를 따 먹었던 기억이 났어요.

"그런데 버찌는 언제 열리지?"

내 혼잣말에 송이가 대답했어요.
"그야 꽃이 진 뒤에 열리지."
"에이, 꽃도 보고 열매도 먹으면 더 좋을 텐데."
난 까맣고 달콤한 버찌가 떠올라 아쉬운 생각이 들었어요.
"바보. 사람에 비유하자면 열매는 아기와 같은 거야. 너, 나비들이 왜 꽃에 앉는지 아니?"
송이가 잘난 척하며 말했어요.
"그야 꿀을 먹으려고 그러지. 그런 것쯤은 나도 안다고."
"맞아, 꿀을 먹기 위해서야. 하지만 뭐가 예쁘다고 꽃이 나비에게 자기 꿀을 그냥 주겠니?"
듣고 보니 그도 그럴듯했어요. 내가 좋아하는 새별이에겐 뭐든 그냥 주어도 아깝지 않지

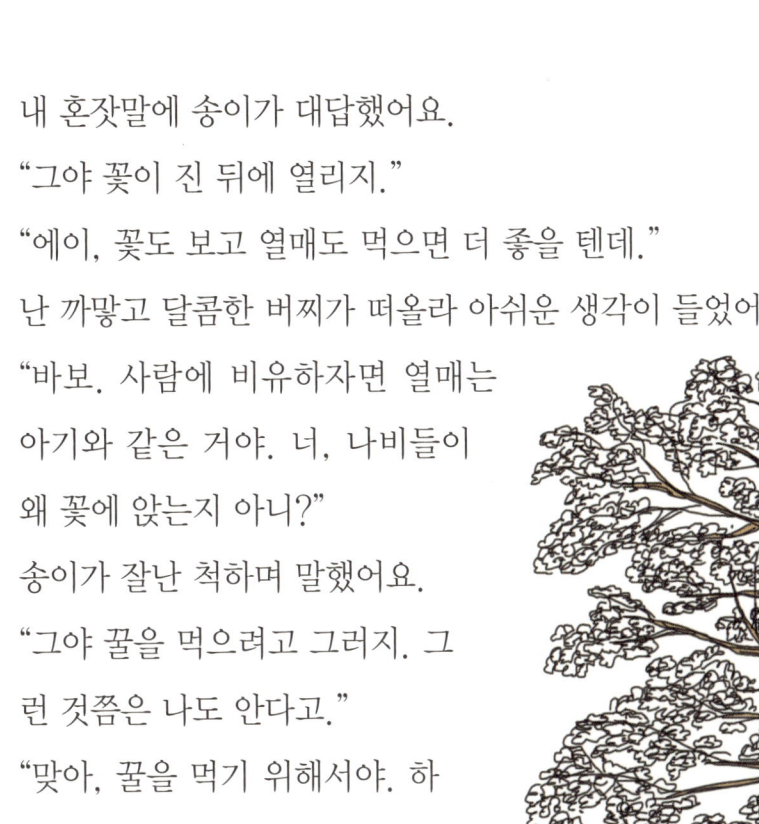

만, 가끔 날 무시하는 송이에게는 정말 아무것도 주기 싫어요. 코딱지도 아까워요.

"그럼 왜 꿀을 주는 건데?"

내가 퉁명스럽게 묻자 새별이가 빙긋 웃으며 말했어요.

"나비가 꿀을 먹으면서 몸에다 꽃가루를 묻히거든. 꽃가루를 묻힌 채 다른 벚나무로 가서 또 꿀을 먹는데, 그때 꽃가루가 암술에 묻으면서 수정이 되는 거야. 나무도 수술에서 만든 꽃가루와 암술에 있는 밑씨가 만나야 열매가 생기거든."

와! 새별인 정말 예쁜 데다 아는 것도 많아요. 내가 사람 보는 눈은 있다니까요.

"나비가 나무들의 중매쟁이인 셈이지."

송이가 끼어들며 또 잘난 척을 했어요.

나비는 꽃이 좋아서, 꽃은 나비가 좋아서 서로 친한 줄로만 알았는데, 나비와 나무가 서로에게 도움을 주면서 살고 있다니. 공원에 있는 모든 것이 새롭게 보였어요.

"꽃들이 저마다 예쁜 색과 향기를 가지고 있는 것도 나비와 벌 같은 곤충에게 잘 보이기 위해서야."

새별이가 다시 말했어요. 나와 승태,

잘 부탁해.

완기는 눈만 껌뻑였어요. 여자애들은 언제 봐도 아는 게 참 많아요. 그때 침묵을 지키던 승태가 한마디 했어요.

"아하, 그래서 너희가 우리 남자애들한테 잘 보이려고 예뻐지려고 하는 거구나."

우리 중에 가장 꼬질꼬질한 승태 입에서 그런 소리가 나왔으니 여자애들이 가만있을 리 있겠어요? 나와 완기는 여자애들 눈치만 봤어요.

그때 새별이가 아무렇지 않게 말했어요.

"꽃 중에는 나쁜 냄새를 풍기는 것도 있대. 파리에게 잘 보이려고 말이야. 승태야, 네가 나비나 벌이 되고 싶다면 좀 더 잘 씻고 다니는 게 좋을걸."

승태 얼굴이 잘 익은 홍시처럼 발개졌어요. 나와 완기는 슬쩍 옷을 잡아당겨 냄새를 맡아 보았어요. 혹시 나쁜 냄새가 나지 않는지 말이에요. 똑똑한 여자애들과 다니려면 앞으로 목욕을 깨끗하게 해야겠어요.

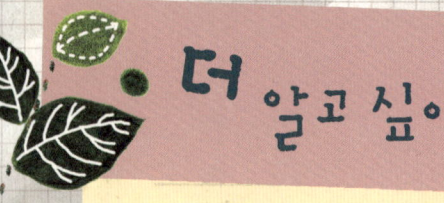

곤충은 왜 꽃을 좋아하나요?

식물이 씨를 만들기 위해서는 수술의 꽃밥에서 만들어진 꽃가루가 암술머리에 옮겨져야 해요. 이것을 '꽃가루받이'라고 해요. 하지만 꽃 스스로는 이런 일을 할 수가 없답니다. 누군가 도와주어야 하지요.

바로 나비나 벌 같은 곤충이 이런 일을 해 줘요. 꽃은 나비나 벌을 유인하기 위해서 꿀을 만들고 향기를 내뿜어요. 꿀이나 향기에 끌려 꽃에 앉은 곤충은 몸에 꽃가루를 잔뜩 묻힌 채 또 다른 꽃에 가서 앉아요. 그때 곤충의 몸에 묻은 꽃가루가 암술머리에 옮겨 붙어 수정이 되는 거랍니다.

곤충을 통해 꽃가루받이를 하는 식물을 '충매화'라고 해요. 충매화에는 개나리, 진달래, 무궁화, 호박, 장미 등이 있어요. 등칡이나 노박덩굴은 파리가 좋아하는 나쁜 냄새를 풍겨 파리를 유인하여 꽃가루받이를 해요.

곤충이 좋아하는 색깔이 따로 있나요?

　곤충마다 좋아하는 색깔이 달라요. 호랑나비는 빨강을 좋아하고, 배추흰나비는 노랑을 좋아해요. 밤에 주로 활동하는 나방은 흰색을 좋아하지요. 꽃은 주로 자기의 꽃가루를 운반해 주는 곤충이 좋아하는 색깔을 가지고 있어요.

동백나무가 살아남는 법

　동백꽃은 겨울에 피기 때문에 꽃가루를 운반해 줄 곤충이 없어요. 그러면 어떻게 꽃가루받이를 할까요?

　동백꽃은 동박새가 좋아하는 붉은 꽃잎과 꿀을 가지고 있어요. 동박새가 동백꽃에 날아들어 꿀을 먹는 동안 부리와 발톱에 꽃가루가 묻지요. 이렇게 동백꽃과 동박새는 꿀을 주고 꽃가루받이를 해 주며 서로 돕고 살아요. 동백꽃처럼 새의 도움을 받아 수정하는 꽃을 '조매화'라고 부른답니다.

　조매화의 꽃은 대부분 크고 색깔도 강해요. 그래야 새가 쉽게 꽃을 발견할 수 있기 때문이에요. 바나나, 파인애플, 선인장처럼 더운 나라에서 자라는 식물 중에 조매화가 많아요.

바람아 불어다오

"에취!"

재채기가 연달아 나와요. 콧물도 줄줄 흐르고요. 목소리도 좀 변한 것이 감기에 걸린 것 같아요. 이 기회에 강이는 엄살을 부려 학원에 빠져 볼 생각이었어요.

"엄마, 나 감기 걸렸나 봐. 콧물에 재채기에 몸까지 오슬오슬 떨려."

강이는 잔뜩 부풀려 엄마에게 말했어요.

"어머, 그래? 어서 병원 가자."

"하루만 쉬면 나을 것 같은데……."

"병원에 가서 진찰을 받아야 빨리 낫지. 그러다 며칠 학원 못 가면 얼마나 손해야!"

역시 엄마예요. 병원에 가면 분명히 주사도 맞을 거예요. 강이는 학원 가는 것보다 주사 맞기가 더 싫었어요. 강이는 엄마를 졸라 병원 대신 약국으로 갔어요. 약사 아줌마는 감기가 아니라 알레르기라고 했어요.

"바람에 날리는 꽃가루 때문에 그러는 거예요. 될 수 있으면 밖에 오래 나가 있지 않는 게 좋겠어요."

강이는 혹을 떼려다가 오히려 혹을 더 달게 되었어요. 엄살 좀 부려 학원 한 번 빼먹으려던 것뿐인데 한동안 바깥에 나가지 말라는 명령이 떨어진 거예요. 그러면 좋아하는 축구를 할 수 없잖아요. 도깨비방망이라도 있다면 바람을 멈추게 하고 싶은 심정이었어요.

그날 저녁, 강이는 별을 보며 빌었어요.

"제발 바람 좀 멈춰 주세요. 그래서 꽃가루가 날리지 않게 해 주세요."

다음 날, 깜짝 놀랄 일이 일어났어요. 정말 바람 한 점 불지 않는 거예요. 강이는 재채기도 하지 않고 콧물도 흘리지 않았어요. 학교에 가고, 학원에 가고, 축구도 했어요. 축구 하며 땀을 흘리니 서늘한 바람 생각이 났어요. 하지만 밖에서 놀 수만 있다면 바람이 불지 않아도 좋았어요.

바람이 불지 않는 날이 계속됐어요. 그러자 뜻밖의 일이 생겼어요. 뉴스마다 벼농사가 잘 안되어 큰일이라는 거예요. 바람이 벼의 꽃가루를 날려 주지 않으니 벼가 익지 않아 속이 빈 쭉정이만 생겼대요.

강이는 축구를 하고 싶었던 것뿐이에요. 이렇게 일이 커질 거라고는 생각지도 못했어요. 이게 다 강이 때문이란 걸 알면 사람들이 가만있지 않을 거예요.

다시 별이 뜨기를 기다렸다가 강이는 간절하게 말했어요.

"제발 바람이 다시 불게 해 주세요!"

그 순간 머릿결이 바람에 날린 듯한 느낌이 들었어요.

"어머, 애 좀 봐. 밤새 창문을 열어 놓고 잔 거야? 이러다가 진짜 감기에 걸리지."

엄마 목소리가 들려요. 까무룩 잠이 들었나 봐요. 모든 게 꿈이라니, 정말 다행이에요!

강이가 잠에서 깨자마자 쉰 목소리로 말했어요.

"엄마, 벌이나 나비가 꽃가루를 날라다 주잖아요. 그런데 왜 바람도 꽃가루를 날리는 거예요?"

걱정스럽게 강이를 보던 엄마 얼굴이 밝게 빛났어요.

"네가 웬일로 그런 걸 다 물어보니? 우리 강이가 이제 공부에 취미를 붙였나 보네. 모든 꽃이 벌이나 나비를 부를 만큼 향기가 진하거나 꿀을 가지고 있

는 건 아니야. 그러니 벌과 나비 대신 꽃가루를 날라 줄 바람이 필요한 거지."

"아, 그렇구나."

"벼나 옥수수는 바람이 꽃가루를 날라 줘야 수정을 하고 열매가 열리는 거야. 햇볕이랑 물도 중요하지만 바람도 아주 중요하지."

엄마가 강이를 사랑스러운 눈빛으로 바라봤어요. 그렇다면! 강이는 생각했어요. 이 기회에 기침을 심하게 해서 오늘은 꼭 학원을 쉬겠다고요.

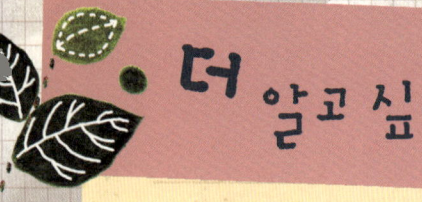

더 알고 싶어요

바람이 없으면 열매를 맺지 못한다고요?

봄날, 공기 중에 꽃가루가 날리는 것을 본 적이 있을 거예요. 꽃가루가 코나 기관지로 들어가면 알레르기를 일으키기도 하지요.

곤충이나 새의 도움으로 꽃가루를 옮기는 식물도 있지만, 바람으로 꽃가루를 옮기는 식물도 있어요. 이런 식물을 '풍매화'라고 한답니다. 소나무, 전나무, 옥수수, 벼, 보리, 밀 등이 풍매화예요.

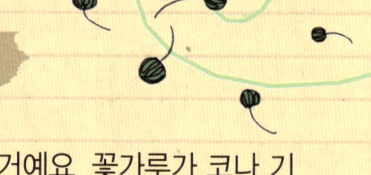

풍매화의 꽃에도 꿀이 있나요?

풍매화는 꽃이 작고 꿀이 없어요. 향기도 진하지 않아서 곤충이나 새를 유혹하지 못하지요. 그래서 바람을 이용하는 거예요. 풍매화의 꽃가루는 바람에 잘 날리도록 아주 작고 가벼워요. 그리고 많은 꽃가루를 만들기 위해서 수꽃이 암꽃보다 훨씬 많아요. 암술머리에 꽃가루가 잘 달라붙도록 암술대도 길고 크답니다.

우리나라를 대표하는 꽃 '무궁화'

나라마다 국가를 상징하는 꽃이나 식물이 있어요. 이것을 '나라꽃'이라고 해요. 나라꽃은 많이 나거나 국민이 좋아하는 꽃으로 정해요.

우리나라의 나라꽃은 무궁화예요. 무궁화는 우리나라 곳곳에 피어 있어요. 다른 꽃들이 피었다가 금세 지는 것에 비해 무궁화는 초여름에서 늦가을까지 피었다 지기를 반복해서 오래 볼 수 있어요. 강인한 생명력이 우리 민족의 성격과 잘 어울린다 하여 나라꽃으로 정해졌어요. 그리고 절개, 평화를 상징해서 국회를 나타내는 상징으로 무궁화 문양을 쓰고 있답니다.

오월을 대표하는 꽃인 장미는 영국의 나라꽃이에요. 영국인은 아름답고 향기도 좋은 장미꽃을 가장 좋아하지요.

그 밖에 네덜란드의 나라꽃은 튤립이고, 일본은 벚꽃, 중국은 매화예요. 여러 국가가 나라꽃을 정하고 있지만, 나라꽃이 없는 국가도 있어요. 또, 나라꽃이 두 개인 곳도 있지요. 미국은 주를 대표하는 꽃은 있지만, 국가가 정한 나라꽃은 없답니다.

이야기. 열넷

똥을 지켜라!

가을이 되자 포도밭에 자줏빛 포도송이가 탐스럽게 열렸어요. 포도밭 주인 박씨 아저씨는 올해도 포도가 풍작이라 기분이 좋았어요.

아저씨는 아침부터 바빴어요. 서울에서 어린 학생들이 포도밭을 구경하러 온다고 했거든요.

"와, 포도다!"

아이들은 탐스럽게 익은 포도송이를 보자마자 포도밭으로 달려갔어요.

"가장 맛있게 생긴 포도송이를 골라 한 송이씩 따 먹으렴."

아이들은 포도송이를 감싼 종이를 살짝 들추고 마음에 드는 포도송이를 골랐어요. 가지에서 막 딴 포도알을 입안에 넣고 터뜨리니 정말 맛있었어요. 한 아이가 물었어요.

"아저씨, 포도에도 꽃이 있어요?"

"그럼, 포도 한 알 한 알이 모두 꽃이었지."

아이들은 포도알을 씹으면서도 신기했어요. 꽃이 피었던 자리에 맛있는 포도알이 주렁주렁 달리다니 말이에요.

"꽃이 벌이나 나비 덕분에 수정을 하면 암술 아래에서 밑씨를 보호하던 씨방이 열매가 되는 거야. 너희가 먹는 포도알 속에 씨가 들어 있지? 그 씨가 바로 밑씨란다. 우리가 먹는 맛있는 과육은 사실은 씨앗을 보호하려고 생긴 거지."

아저씨 말을 들으니 작은 포도알이 큰일을 하는 것 같아 대단해 보였어요. 아저씨네 개 누렁이도 포도 맛을 아는지 아이들이 포도를 먹을 때마다 컹컹 소리를 내며 짖었어요. 아이들은 누렁이에게도 포도알을 던져 주었어요.

아저씨의 설명을 듣는 동안 점심때가 되었어요. 아저씨가 준비한 도시락을 먹고 마을 여기저기를 구경하고 있을 때였어요. 누렁이가 포도밭 옆에서 똥을 싸는 게 아니겠어요. 보고 있던 아이들이 코를 움켜잡았어요.

"에구, 더러워. 아무 데나 똥을 싸다니!"
"똥개라 그런가?

아저씨에게 보답도 할 겸 우리가 똥을 치우자."

아이들은 도시락을 먹었던 식당에 가서 삽을 찾아 들고 똥을 치우러 갔어요.

"애들아, 그냥 둬라."

아저씨가 말씀하셨어요.

"아니에요, 아저씨. 저희가 치울게요."

"놔두라니까."

아저씨는 한사코 아이들을 말렸어요. 누군가 지나가다 밟기라도 하면 기분이 나쁠 텐데 왜 똥을 못 치우게 하는지 모르겠어요.

"너희, 똥이 얼마나 귀한 건지 아니?"

아저씨는 한술 더 떠서 말했어요. 더럽고 냄새나는 똥이 귀하다니, 아이들은 정말 말도 안 된다고 생각했어요.

"그 똥 속에는 아까 누렁이가 먹었던 포도씨가 들어 있단다. 포도가 꽃을 피우고 열매를 맺은 게 다 씨앗을 만들기 위해서 아니겠니? 그러니 똥은 아주 귀한 거야."

아이들은 아직도 아저씨의 말을 이해할 수 없었어요.

"씨앗을 심으면 싹이 나오지? 포도씨도 땅속에 들어가면 싹이 틀 테고, 똥은 양분이 되어 줄 테니 일석이조 아니겠니?"

그제야 아이들은 고개를 끄덕였어요. 그때 한 아이가 아주 걱정스럽게 물었어요.

"아저씨, 우린 이제 집으로 돌아가요. 내일 아침이나 돼야 똥이 나올 텐데 어떡하죠?"

"인석아, 어떡하긴. 그냥 화장실에 가면 되지."

아저씨의 말에 모두 깔깔대며 웃었어요. 포도밭에 즐거운 웃음소리가 퍼졌어요.

더 알고 싶어요

씨앗을 퍼뜨리자

(1) 붙어야 산다, 도깨비바늘

　씨앗을 널리 퍼뜨려야 번식을 잘할 수 있어요. 참외, 수박, 딸기처럼 동물에게 먹혀서 똥으로 나온 뒤 번식하기도 하고, 봉숭아처럼 저절로 터져서 번식하기도 해요. 도깨비바늘처럼 열매에 가시가 있어 동물의 몸이나 사람의 옷에 붙은 채 옮겨져서 번식하는 식물도 있답니다. 동에 번쩍 서에 번쩍 하는 도깨비처럼 모르는 사이에 슬쩍 달라붙어 씨를 옮기는 거지요. 동물이나 사람에게 붙어 씨앗을 옮기는 식물은 도깨비바늘 외에도 쇠무릎, 가막사리 등이 있어요.

(2) 날개 달린 씨앗, 민들레

　민들레는 꽃이 지면서 솜털 같은 깃털이 나와요. 입으로 훅 불어도 날릴 만큼 아주 가볍지요. 바람이 불면 씨앗을 단 깃털이 멀리까지 날아가 땅에 떨어져 싹을 틔운답니다. 엉겅퀴, 씀바귀, 단풍나무, 소나무 등의 씨앗도 민들레처럼 가벼운 깃털을 단 채 바람을 타고 멀리 날아가요.

　이처럼 씨앗이 제자리에 있지 않고 멀리 날아가는 데는 이유가 있어요. 가까운 자리에 씨앗이 떨어지면 양분을 풍족하게 얻기 어렵기 때문이에요. 또 자손을 먼 곳까지 퍼뜨리려고 씨앗을 멀리 보내는 것이지요.

어떻게 씨가 만들어지나요?

꽃가루받이가 끝나면 꽃가루를 받은 씨방은 열매가 되고, 밑씨는 씨앗이 돼요.

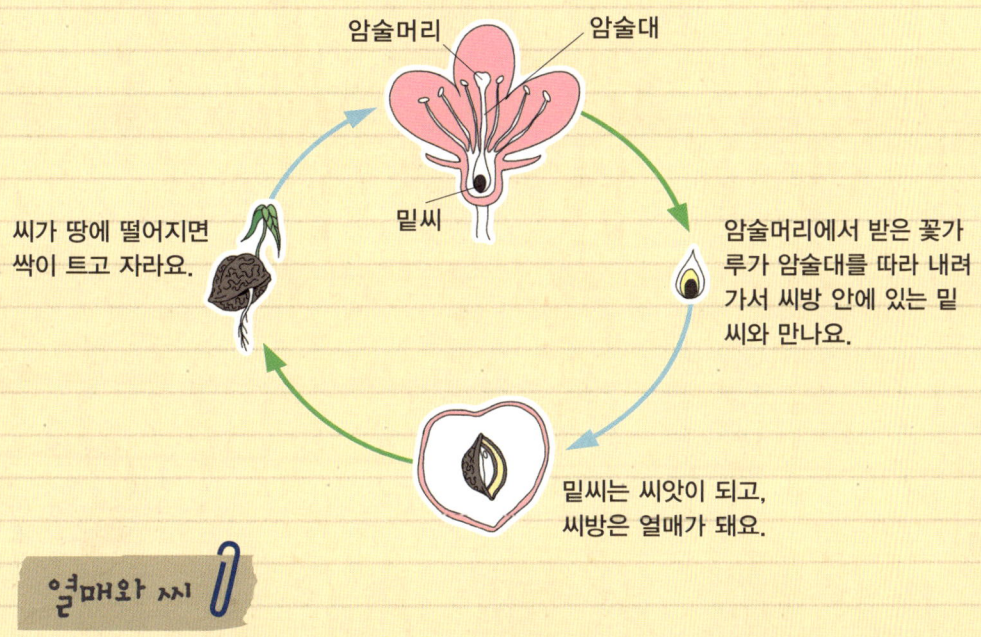

열매와 씨

강낭콩은 긴 꼬투리 속에 콩이 들어 있어요. 꼬투리는 씨방이 자라서 된 열매이고, 콩이 바로 밑씨 부분이에요.

포도나 수박, 복숭아, 감 같은 과일에서 우리가 먹는 부분은 씨방이 자라서 된 것이에요. 열매가 씨를 보호하는 거지요. 씨방이 자라서 된 열매를 '참열매'라고 해요. 씨방 이외의 부분이 자라서 열매가 된 것도 있어요. 사과와 배, 딸기는 꽃잎을 받치고 있던 꽃받침이 자라서 된 것이랍니다. 이런 열매를 '헛열매'라고 불러요.

이야기. 열다섯

감자의 정체를 밝혀라!

감자 농사를 짓는 할머니가 올해도 감자를 보내왔어요. 엄마는 소쿠리 가득 감자를 삶아 내놓았어요. 김이 모락모락 나는 감자는 정말 먹음직스러웠어요. 정이는 감자를 좋아해요. 삶은 감자도 좋지만 감자를 얇게 썰어 튀기면 정말 맛있거든요.

정이는 감자를 먹으면서 한 가지 이상한 점을 발견했어요. 과일 안에는 씨가 있잖아요. 씨를 심으면 과일이 열리는 거고요. 그런데 감자에는 씨가 없는 거예요. 씨가 없는데 어디서 감자가 나오는 걸까요?

"엄마, 감자 씨는 어딨어요?"

정이가 엄마에게 물었어요.

"감자 씨? 호호, 감자는 씨가 없어."

이상한 일이에요. 씨를 심어야 싹이 나고 꽃도 피고 열매도 열리는 것인데, 씨가 없다니. 그럼 감자는 대체 어디에서 나왔느냐 말이에요.

"감자는 씨 대신 몸의 일부를 심으면 싹이 나는 거야."

엄마가 말하면서 할머니가 보내 준 생감자 하나를 부엌에서 가지고 나왔어요.

"이것 봐. 감자 몸에 움푹움푹 들어간 곳이 있지? 여기가 바로 감자의 눈이란다. 이 눈이 있는 곳을 중심으로 감자를 잘라서 땅에 심으면 감자가 나는 거야."

정이는 신기했어요. 게다가 감자는 가지에 주렁주렁 열리지도 않고 땅속에서 크잖아요. 정이가 다시 물었어요.

"엄마, 감자는 땅속에서 캐니까 뿌리겠네요?"

"감자는 땅속에서 자라지. 하지만 뿌리가 아니라 줄기란다. 땅속으로 뻗은 줄기가 굵어지면서 감자가 된 거야."

역시 엄마는 할머니의 딸이라 감자 박사인가 봐요.

삶은 감자를 다 먹고 정이는 감자 하나를 몰래 들고 마당에 나왔어요. 엄마가 말한 대로 눈이 있는 부분을 중심으로 감자를 잘랐어요. 감자를 심고 방으로 들어온 정이는 기분이 좋았어요. 저 감자가 잘 자라 준다면 이제 할머니의 감자를 기다리지 않아도 되잖아요. 생각만 해도 웃음이 절로 났어요. 그런데 얼마 지나지 않아 배가 너무 아픈 거예요.

"아이고, 배야, 배가 왜 이렇게 아프지?"

아차! 감자를 통째로 먹었으니 정이 배 속에서도 감자가 나려고 그러나 봐요. 정이는 감자를 몇 개 먹었는지 떠올려 보았어요.

"어떡해, 세 개나 먹었잖아."

정이는 배가 점점 불러오는 것 같았어요.

"엄마, 큰일 났어요. 내 배 속에서 감자가 자라나 봐요."

정이는 울상이 되어 엄마에게 달려갔어요.

"엄마, 아무래도 내가 감자를 빨리 먹느라 눈 있는 데를 그냥 삼킨 것 같아요."

엄마는 정이 말을 듣고 웃음을 터뜨렸어요.

"그거 잘됐구나. 감자가 열리면 엄마한테도 좀 나눠 줘야 해."

정이는 생각만 해도 끔찍했어요.

"엄마, 난 심각하다고요!"

엄마가 정이에게 꿀밤을 먹였어요.

"이 녀석, 장난 좀 그만해. 삶은 감자에서 어떻게 싹이 나니?"

정이는 엄마에게 꿀밤을 맞았지만, 정말 다행스러웠어요. 배 속에서 감자가 자라면 큰일이잖아요. 대신 마당에 감자를 심은 것은 비밀로 하기로 했어요. 엄마에게 깜짝 선물을 주면 참 좋아할 거예요. 정이는 이날 온종일 마당을 서성이며 콧노래를 불렀어요.

더 알고 싶어요

왜 감자에는 씨가 없나요?

대부분 씨앗으로 번식하지만, 씨앗이 아닌 다른 기관으로 번식하는 식물도 있어요. 감자는 땅속에서 자라요. 보통 땅속에서 자라는 것은 뿌리인데, 감자는 뿌리가 아니라 줄기랍니다.

감자는 서늘한 곳에서 잘 자라는 특성이 있어요. 그래서 우리나라는 북쪽 지방에서 감자를 많이 심어요.

감자에는 군데군데 옴폭 패인 부분이 있어요. 이 부분이 잎눈인데 여기에서 잎이 자라지요. 눈이 있는 부분을 중심으로 감자를 조각내어 잘라 심기만 하면 눈에서 싹이 돋아나고 꽃이 핀 다음, 줄기 부분에서 감자가 자라는 거예요.

하지만 금방 수확한 감자는 땅에 심어도 싹이 나오지 않아요. 수확한 지 3개월 정도 지난 감자에 싹이 트기 시작하면 땅속에 심어요.

감자가 땅속에서 줄기를 키우는 이유는 무엇인가요?

감자가 땅속에서 자라는 이유는 눈을 보호하기 위해서예요. 장차 자라서 잎이 될 눈을 보호하고 땅속의 양분도 충분히 섭취하려는 것이지요. 그래서 감자를 '땅속줄기'라고 불러요. 줄기가 덩이 모양으로 점점 굵어져 우리가 먹는 감자가 되기 때문에 '덩이줄기'라고도 하지요. 덩이줄기에는 감자, 돼지감자 등이 있어요.

먹는 뿌리도 있다고요?

고구마도 감자처럼 씨앗 외의 기관으로 번식하는 식물이에요. 고구마를 잘 보면 끝이 가늘고 잔뿌리가 많아요. 우리가 먹는 고구마는 바로 뿌리예요. 고구마는 뿌리가 덩이 모양으로 굵어지기 때문에 '덩이뿌리'라고 해요. 잎에서 만든 양분을 뿌리에 저장한다고 해서 '저장뿌리'라고도 하지요. 고구마처럼 뿌리를 먹는 식물로는 무와 당근이 있어요.

다리가 없는데 움직인다고?

이야기. 열여섯

초록이는 엄마가 분갈이하는 것을 보고 있었어요.

"엄마, 왜 멀쩡한 꽃을 옮기는 거예요?"

"소라게가 몸이 크면서 집을 바꾸는 걸 알고 있지? 식물도 자랄수록 집이 작아지니까 이사를 시켜 줘야지. 그리고 양분이 많은 흙으로 갈아 주고. 그래서 분갈이를 하는 거야."

엄마를 지켜보던 초록이는 식물이 불쌍한 생각이 들었어요. 엄마가 만약 집을 바꿔 주지 않는다면 비좁고 헌 집에서 평생 살아야 하잖아요.

초록이는 생각했어요.

'식물은 움직이지 못하니까 참 불쌍해. 특히 뿌리는 무슨 죄야. 만날 어

두운 땅속에서 살아야 하고.'

그날 밤, 초록이는 엄마, 아빠가 잠든 걸 확인하고 몰래 거실 밖 베란다로 나갔어요. 그리고 화분 하나를 들고 방으로 들어왔어요.

"걱정 마. 이제부터 너도 햇빛을 볼 수 있게 해 줄게."

초록이는 땅속에 묻혀 있던 뿌리를 몇 가닥 꺼내었어요. 그리고 뿌리를 위쪽으로 향하게 놓았어요. 초록이는 그제야 안심하고 잠을 잘 수 있었어요.

다음 날 학교에 다녀온 초록이는 깜짝 놀랐어요. 위쪽을 향하게 놓았던 뿌리가 다시 아래쪽을 향하고 있는 거예요. 곧 땅속으로 들어갈 것처럼 말이에요. 초록이는 분명히 엄마가 뿌리를 다시 돌려놓은 거라고 생각했어요.

"엄마! 정말 너무해요."

초록이는 화분을 들고 나가 엄마에게 화를 냈어요.

"무슨 일인데 그래?"

영문을 알지 못하는 엄마가 초록이에게 다가갔어요.

"뿌리도 햇빛을 볼 권리가 있다고요. 혼자 힘으로 못하니까 내가 해 준 건데……. 엄마가 다시 흙 쪽으로 향하게 한 거죠?"

엄마는 초록이 손에 들려 있는 화분을 빼앗았어요.

"이거 내가 어제 분갈이해 준 거잖아!"

엄마는 흙이 파헤쳐진 화분을 보고는 얼굴이 노래졌어요. 그러더니 다시 흙을 파서 뿌리를 흙 속에 넣은 후 흙을 잘 다듬었어요.

"초록아, 뿌리는 혼자 힘으로 아래쪽으로 간 거야."

엄마는 화분을 베란다에 가져다 놓은 후 초록이에게 말했어요.

"가만히 있는 것 같지만, 사실 식물도 조금씩 움직인단다. 저 뿌리도 자기 힘으로 움직여 땅 쪽으로 간 거야."

초록이는 엄마 말을 믿을 수가 없었어요.

"학교에서 돌아올 때 네가 좋아하는 떡볶이 집을 그냥 지나친 적 있니?"

"아니오! 하지만 그거랑 무슨 상관이에요?"

"식물도 자기가 좋아하는 쪽으로 움직이니까 상관이 있지. 뿌리는 흙이나 물을 좋아해서 땅속으로 자꾸만 내려가는 성질이 있어. 식물의 잎은 햇빛을 받아야 하니까 해가 비치는 쪽으로 움직이는 거고."

초록이는 엄마 말을 듣고 깜짝 놀랐

어요. 엄마는 초록이를 데리고 베란다로 나갔어요.

"이 식물들을 봐. 잎과 줄기가 어디로 향해 있는지."

엄마의 말대로 식물의 줄기와 잎이 해가 있는 쪽으로 기울어져 있었어요.

"이제 알겠니?"

초록이는 부끄러웠어요. 하지만 식물이 움직인다는 새로운 사실을 알았으니 친구들에게도 알려 주어야겠다고 생각했어요. 초록이는 괜히 부끄러운 마음에 엄마를 꼭 껴안았어요.

"난 엄마가 좋으니까 이렇게 엄마 쪽으로 끌리나 봐요."

초록이의 너스레가 귀여운지 엄마도 초록이를 꼭 껴안아 주었어요.

"나중에 여자 친구 생겼다고 마음 바뀌면 안 돼!"

"알았어요!"

엄마의 말에 대답은 했지만, 진짜 마음이 안 바뀌는지는 그때 가 봐야 알지요. 갑자기 초록이 머릿속에 예쁜 다희 얼굴이 떠올랐어요.

'다희는 지금쯤 뭐 하고 있으려나…….'

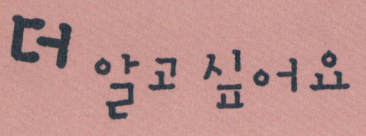 알고 싶어요

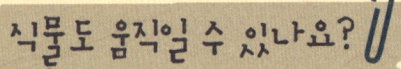

식물은 늘 가만있는다고요? 천만의 말씀! 시간을 두고 자세히 보면 식물도 일정한 방향으로 움직인다는 것을 알 수 있어요.

 중력에 반응하는 '굴지성'

식물의 뿌리는 땅속으로 자라는 성질이 있어요. 중력에 반응하여 영양분 흡수를 위해 밑으로 자라는 거예요. 일부러 뿌리를 위쪽으로 향하게 놓아도 시간이 지나면 다시 아래쪽으로 자란답니다.

 빛이 있는 곳을 향하는 '굴광성'

줄기와 잎은 빛이 있는 방향으로 자라는 성질이 있어요. 이것을 '굴광성'이라고 해요. 햇빛을 받아 광합성을 해야 하기 때문에 빛이 오는 방향으로 움직이는 거예요.

 물에 끌리는 '굴수성', 닿으려고 하는 '굴촉성'

뿌리가 습도가 높은 곳을 찾아 물이 있는 쪽으로 뻗는 성질을 '굴수성'이라고 해요. 덩굴 식물처럼 덩굴손으로 다른 물체를 감는 성질은 '굴촉성'이라고 하지요.

태양이 싫어~
태양이 싫어~

조건에 따라 움직이는 꽃도 있어요

온도에 따라 움직이는 식물도 있어요.

채송화는 7~10월에 꽃이 피는데, 높은 온도에서는 꽃잎이 활짝 피고, 온도가 낮아지면 꽃잎을 다물어요. 낮에는 꽃잎이 열렸다가 밤이 되면 꽃잎이 닫히는 것을 볼 수 있어요. 한낮이라도 비가 오려고 구름이 덮이면 금세 꽃잎을 닫아 버리지요. 꽃잎의 안쪽과 바깥쪽이 자라는 데 알맞은 온도가 다르기 때문이에요. 온도가 높을수록 꽃의 안쪽 세포가 자라기 좋은 환경이고, 온도가 낮아지면 꽃의 바깥쪽 세포들이 잘 자랄 수 있는 환경이 돼요. 그래서 채송화는 온도에 따라서 꽃잎을 열거나 닫는 것이랍니다.

춤추는 식물이 있다고요?

무초는 소리가 나면 움직이는 신기한 식물이에요. 주위에서 소리가 나면 잎 아랫부분에 있는 '엽점'이 움직여요. 이때 잎사귀 등이 흔들리는 모습이 마치 춤을 추는 것처럼 보인다고 해서 '춤추는 식물'이라는 별명이 붙었어요. 우리나라의 한여름 날씨처럼 덥고 습할 때 가장 소리를 잘 듣고 반응해요.

이야기. **열일곱**

앗, 적이 나타났다!

자장면을 잘 만들기로 소문난 중국 반점 왕 사장은 식당 문 앞에 사람을 구한다는 광고를 붙였어요. 이 광고를 보고 달구 씨가 찾아왔어요.

"열심히 양파를 깔 자신이 있습니다!"

왕 사장은 달구 씨의 우렁찬 목소리를 믿고 종업원으로 쓰기로 결정했어요. 곧바로 일을 시작한 달구 씨는 주방으로 들어갔어요.

"오늘 안에 다 까야 합니다."

왕 사장은 달구 씨에게 양파를 주었어요.

양파가 가득 담긴 광주리가 두 개나 있었어요.

"이쯤이야!"

달구 씨는 칼을 들고 양파를 까기 시작했어요. 실력 발휘를 할 참이었지요. 그런데 양파를 한 개도 다 못 깠는데 눈물이 흐르기 시작하는 거예요.

"에구, 매워. 뭔 양파가 이렇게 매운 거야?"

결국 달구 씨는 그날 눈이 퉁퉁 부을 정도로 펑펑 울다가 집으로 돌아왔어요. 그 모습을 본 달구 씨의 조카가 물었어요.

"삼촌, 어디서 맞고 왔어?"

어린 조카 앞에서 체면이 영 말이 아니었어요.

"맞긴 내가 왜 맞아? 때려 주고 왔지."

"누구를?"

"그게, 그러니까, 양파를 흠씬 때려 주고 왔어."

"삼촌, 오늘 중국집에 첫 출근 했다더니, 양파를 너무 우습게 보셨군요."

조카는 진지한 표정으로 계속해서 말했어요.

"지렁이도 밟으면 꿈틀하는 거 아시죠? 양파도 자기를 해치려는 적을

만났으니 매운 냄새를 풍긴 거예요."

놀지도 않고 만날 책만 본다고 샌님이라고 놀렸는데, 인제 보니 아는 것도 많은 조카예요.

"삼촌, 그럼 고추에서는 왜 매운맛이 나는 줄 알아요?"

조카가 물었어요. 눈치가 백 단인 달구 씨는 잠시 생각하는 척하다 대답했어요.

"음, 그야 고추도 자기를 보호하려고 매운맛을 내는 거 아니겠어?"

조카는 고개를 끄덕끄덕했어요. 사실 달구 씨는 식물이 자기를 보호하려고 매운 냄새를 풍긴다는 걸 처음 알았어요.

"그런데 이게 무슨 냄새지?"

조카가 코를 벌름거리더니 달구 씨 곁으로 가서 킁킁 냄새를 맡았어요.

"삼촌, 안 씻은 지 얼마나 된 거예요? 이제 음식점에서 일도 하는데 좀 청결해야 하지 않겠어요?"

조카는 제법 어른스런 말투로 달구 씨에게 말했어요.

"야, 식물도 다 자기를 보호하려고 애쓰는데, 나도 내 몸을 보호해야지. 삼촌이 안 씻는 이유도 다 나를 보호하기 위해서라고!"

"그거야 옛날 얘기죠. 옛날에는 동물들이 사람을 자주 공격했으니까 사람도 안 좋은 냄새를 풍겨서 자기를 보호해야 했겠지만, 지금은 21세기라고요."

달구 씨는 아무래도 어린 조카를 이길 수 없을 것 같았어요. 함께 목욕탕에 간 달구 씨와 조카는 뜨거운 물에 몸을 담갔어요. 목욕하러 온 몇몇 아저씨들도 탕 안에 같이 있었어요.

그런데 탕 안에서 물방울이 올라오더니 퐁 터지는 거예요. 달구 씨가 조카에게 눈짓을 했어요.

"쉿, 내가 방귀를 뀌었어. 아는 척하지 마."

물방울이 터지자 지독한 냄새가 탕 안을 가득 메웠어요. 탕 안에 있던 아저씨들이 모두 나가 버렸어요. 조카도 코를 막았어요.

"으, 냄새로 자기를 보호하는 건 삼촌이 최고예요."

달구 씨는 창피해서 얼굴이 빨개졌어요.

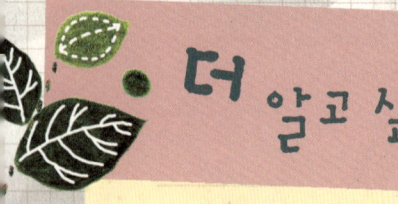
더 알고 싶어요

왜 매운 냄새나 맛이 나는 거예요?

냄새나고, 맛없고……

사람이나 동물은 적이 나타나면 자기 몸을 지키기 위해서 방어를 해요. 식물은 어떨까요? 식물에게도 적이 있어요. 식물을 먹고사는 많은 동물과 식물을 병들게 하는 세균과 바이러스예요.

적을 만나면 화학 물질을 내보내요

냄새로 적을 물리치는 식물들이 있어요. 방금 깎은 잔디에서 나는 냄새를 맡은 적이 있나요? 이것은 바로 잔디가 자신을 방어하기 위해 내뿜는 냄새랍니다. 자기를 건드리지 말라는 일종의 신호지요. 또, 우리가 흔히 볼 수 있는 마늘이나 양파도 껍질째로 있을 때는 매운 내가 강하지 않다가, 껍질을 벗기면 바로 매운 냄새를 맡을 수 있어요. 알린이란 화학 물질이 알리신으로 변하면서 매운 냄새가 나는 거예요.

고추도 매운맛을 내는 캡사이신이라는 화학 물질을 가지고 있어요. 떡갈나무는 타닌이라는 화학 물질을 내보내요. 타닌은 쓰고 떫은맛이 나고, 소화가 잘 안 되도록 만들지요. 그래서 곤충들이 잎을 덜 갉아 먹게 만들어요. 이 모든 게 식물이 자기를 보호하기 위한 방어책이지요.

가시로 내 몸을 지켜요

가시로 몸을 방어하는 식물이 있어요. 선인장의 가시는 원래 잎이었고, 장미와 찔레, 아카시아 등은 줄기의 작은 가지가 변해서 가시가 된 거예요. 식물의 가시는 풀을 먹고사는 초식 동물들에게 먹히지 않으려고 생겨났어요.

가시에 독을 가진 식물도 있어요. 가시털로 동물을 제압하는 쐐기풀이에요. 쐐기풀의 잎에는 가시털이 나 있어요. 가시털 속에는 폼산(개미산)이라는 독이 들어 있답니다. 초식 동물이 쐐기풀을 먹으려고 건드리면 털이 동물의 코나 혀에 달라붙어 따끔거리고 아프게 만들지요. 그래서 한 번 쐐기풀에 당한 동물은 다시는 쐐기풀을 건드리지 않아요. 덕분에 쐐기풀은 산과 들 어디서나 많이 자라지요.

광대수염은 잎 모양이 쐐기풀과 비슷하게 생겼답니다. 그래서 동물들이 광대수염을 쐐기풀로 착각하고 먹으려 하지 않아요.

그런데 가시가 있는 나무도 높이 자라면 나무 윗부분의 가시가 사라져요. 더는 동물이 다가올 수 없기 때문에 가시가 필요 없어지는 것이지요.

이야기. 열여덟

우리에게도 시계가 있다고!

"이제 모내기를 시작해야겠는걸."

할머니가 조팝나무에 핀 꽃을 보고 말했어요. 조팝나무에는 튀긴 좁쌀같이 하얀 꽃이 피기 시작했어요.

도희가 할머니에게 물었어요.

"할머니, 모내기를 하려면 달력을 봐야지 왜 조팝나무를 봐요?"

할머니는 빙긋이 웃었어요.

"옛날에는 어디 달력이라는 게 있었니? 나무를 보면서 이때쯤 모내기를 해야겠다, 이때쯤 수확을 해야겠다 하고 알았지. 예부터 조팝나무에 꽃이 피기 시작하면 모내기를 했단다. 그뿐이냐. 여름에 나리꽃이 피면 조를 뿌리거나 감자를 심었지."
식물을 보고 농사할 때를 알았다니, 옛날 사람들은 참 슬기로워요.
"그런데 할머니, 왜 꽃들이 한꺼번에 피었다 지지 않고 저마다 피는 시기가 다른 거예요?"
할머니는 도희의 머리를 쓰다듬었어요.
"사람이 한 번에 다 태어나서 한꺼번에 죽으면 어떻게 될까? 상상만 해도 끔찍하지? 식물이라고 사람하고 다를 게 뭐가 있겠니."
도희는 고개를 끄덕였어요.
"식물들은 저마다 시계를 갖고 있어서 꽃이 피는 시기나 시간이 다 다른 거란다."

할머니와 함께 있으니 도희는 식물에 대해서 척척박사가 될 것 같았어요. 도희는 고개를 숙여 민들레 꽃잎에 귀를 댔어요. 똑딱거리는 시계 소리가 날 것만 같았거든요. 집으로 가는 길에 할머니는 또 재미난 이야기를 해 주셨어요.

"여름에 피는 달맞이꽃을 본 적 있지?"

"아, 달맞이꽃이요! 달맞이꽃은 이름이 그래서인지 낮에는 못 본 것 같아요."

"달맞이꽃은 밤에만 꽃이 핀단다."

도희는 신기한 듯 눈을 동그랗게 뜨며 물었어요.

"밤에만 피면 나비나 벌이 꽃가루를 어떻게 옮겨 줘요?"

"달맞이꽃은 나비나 벌을 만날 수 없단다. 그 대신 나방하고는 아주 친하지."

"나방요?"

도희는 못생기고 징그러운 나방이 정말 싫었어요. 그런데 달맞이꽃은 나방이 꽃가루를 날라다 준다니. 달맞이꽃이 불쌍해졌어요.

"할머니, 제가 꽃이 된다면 달맞이꽃은 되고 싶지 않아요."

도희와 할머니는 손을 꼭 잡고 크게 웃

었어요.

다음 날 아침, 도희는 늦잠을 잤어요. 어제 할머니와 이야기하느라 늦게 잠들었거든요. 엄마는 도희에게 소리를 질렀어요.

"도희야, 어서 일어나! 주말이라고 게으름 피울 거야!"

도희는 아침잠이 너무 많아요. 그러고 보니 도희는 달맞이꽃과 닮았어요. 밤에는 늦게까지 깨어 있어도 좋은데, 아침에는 일어나기가 정말 어려우니, 밤에는 꽃 피우고, 날이 밝으면 꽃잎을 오므리는 달맞이꽃과 뭐가 다르겠어요.

"나도 아침에 늦잠 좀 자게 해 주세요. 달맞이꽃도 아침에는 꽃잎을 닫는다고요."

도희는 눈을 반만 뜨고 엄마에게 말했어요. 그때 할머니가 옆에서 도희에게 말했어요.

"그럼 네가 싫어하는 나방하고도 친해져야 하는데?"

도희는 나방이라는 말에 눈을 번쩍 떴어요. 아! 일찍 일어나기는 싫은데 나방은 더욱 싫어요.

"사람은 부지런해야 꽃처럼 예뻐질 수 있는 게야."

할머니가 도희 엉덩이를 토닥이며 말했어요. 아무래도 꽃과 사람은 많이 다른가 봐요. 도희는 그제야 일어나서 씻을 준비를 했어요.

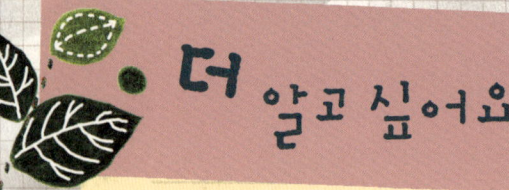
더 알고 싶어요

낮의 길이가 꽃을 피우는 데 영향을 미친다고요?

우리나라는 사계절이 있기 때문에 계절마다 다른 꽃을 볼 수 있어요. 추운 겨울이 지나고 봄이 오면 개나리, 진달래, 민들레, 벚나무, 라일락, 목련에서 꽃이 피어요. 여름에는 무궁화, 백합, 봉선화, 장미, 채송화, 해바라기 등을 볼 수 있고, 가을에는 국화, 코스모스, 구절초, 분꽃 등을 볼 수 있어요. 날씨가 추운 겨울이라고 해도 꽃은 피어요. 겨울에 피는 꽃에는 동백꽃, 매화 등이 있어요.

꽃이 피는 때가 다른 건 이유가 있어요

꽃마다 피는 계절이 다른 이유는 여러 가지가 있지만, 그중 가장 큰 이유는 기온과 밤낮의 길이 때문이에요. 주로 봄꽃은 낮의 길이가 12시간 이상일 때 꽃이 피어요. 반대로 밤의 길이가 12시간 이상 계속되어야 피는 꽃은 주로 가을꽃과 겨울꽃이에요. 밤낮의 길이와 관계없이 피는 식물도 있지요.

식물에는 피토크롬이라는 색소가 들어 있는데, 바로 이 색소가 낮과 밤을 알려주는 역할을 하지요. 예를 들어 가을꽃이 봄, 여름 동안 자라다 가을이 되면 꽃을 피우는 것은 피토크롬이 해 길이를 느끼기 때문이에요.

100년에 한 번 피는 꽃

대나무는 보통 60~100년을 사는데, 길게는 150년까지 사는 것도 있다고 해요. 대나무는 꽃으로 번식하지 않는 대신 땅속줄기로 번식을 해요. 땅속줄기의 마디에서 돋아나는 어린싹이 우리가 먹는 죽순이에요.

대부분 식물의 꽃은 매년 피었다 지기를 반복해요. 하지만 대나무는 일생에 단 한 번 꽃을 피워요. 같은 자리에서 무리 지어 사는 대나무는 꽃도 한꺼번에 피우는데, 일제히 꽃을 피운 후 모두 말라 죽지요.

방사능을 감지하는 꽃

자주달개비의 꽃은 이름 그대로 자줏빛을 하고 있어요. 자주달개비는 아주 특별한 능력이 있는데, 꽃이 방사능에 노출되면 색이 분홍색 또는 반투명한 흰색으로 변해요. 그래서 원자력 발전소 등 방사능 시설 주변에 자주달개비를 심으면 꽃의 색깔만으로 방사능이 밖으로 새어 나왔는지를 알 수 있어요.

이야기. 열아홉

떨어져도 괜찮아

 오늘 단풍이는 우울해요. 아파서 학교에도 못 갔는데 단풍이 걱정을 해 주는 친구가 아무도 없는 거예요. 단풍이는 책장 사이에 꽂아 놓은 잎을 보면서 생각했어요.

 "내가 저 단풍잎이라면 얼마나 좋을까? 그러면 아이들에게도 인기가 많을 텐데……."

 단풍이는 사람들이 좋아하는 빨간 잎으로 변할 수 있다면 친구들을 많이 사귈 수 있을 것 같았어요. 그래서 책을 가슴에 꼭 대고 중얼거렸어요.

 '나도 빨간 잎으로 변하고 싶어.'

 그때였어요. 책에서 단풍잎이 살며시 날아오르더니 단풍이 얼굴에 부딪혔어요. 그 순간 단풍이도 점점

빨갛게 변하는 것이었어요. 단풍잎으로 변한 단풍이는 바람을 타고 창문을 넘어, 멀리 학교 운동장에 있는 단풍나무 가지에 꼭 붙었어요.

쉬는 시간 종이 울리자 아이들이 운동장에 나왔어요. 단풍이네 반 아이들도요. 아이들은 삼삼오오 짝을 지어 운동장을 거닐다가 단풍나무 아래 섰어요.

"어머, 저 잎 좀 봐. 정말 예쁘다."

단풍이가 좋아하는 은지예요. 단풍이에게는 늘 쌀쌀맞게 대하지만, 단풍이는 은지가 참 좋아요.

"내가 따 줄까?"

옆의 아이가 말했어요. 그러자 은시는 고개를 저었어요.

"안 돼. 가만있어도 나무가 곧 잎을 떨어뜨릴 건데 미리부터 잎을 따면 너무 불쌍하잖아."

아이들이 은지를 쳐다보았어요.

"겨울이 되면 나무는 잎을 떨어뜨려야 살 수 있어. 물도 부족하고 양분도 부족한데 잎까지 달고 있으면 건강하게 겨울을 날 수 없거든."

단풍이는 은지의 말을 듣고 깜짝 놀랐

어요. 쌀쌀맞아 보이기만 했던 은지가 저렇게 속이 깊은 아이였다니, 은지가 달리 보였어요.

아이들이 교실로 들어가고, 단풍이는 가지에 달린 나뭇잎들에게 물었어요.

"나무가 밉지 않니? 너희를 떨어뜨리려고 하니 말이야."

그러자 단풍잎들이 웃으며 말했어요.

"떨어져도 이게 마지막은 아니야. 우리는 단풍이 들면서 사람들을 기쁘게 해 주지. 또 떨어져서는 나무의 영양분이 되고, 봄이 오면 같은 자리에서 새잎이 돋아나잖아. 그러면서 나무는 더 굵고 크게 자라는 거야."

자신보다 사람들과 나무를 더 생각하는 나뭇잎의 말을 들으니 단풍이는 창피한 생각이 들었어요. 지금까지 남보다는 나를 먼저 생각하고 나보다 못한 아이는 쳐다보지도 않았거든요. 자신을 좋아하는 친구가 없는 이유도 알 것 같았어요.

"내 생각이 너무 짧았어. 그것도 모르고 난 예쁜 잎만 보면 모두 따서 공책에 꽂아 두었으니까. 이제부턴 내 생각만 하지 말아야지."

그때였어요. 단풍이가 다시 바람에 실려 단풍이 방 창문을 넘어 침대로 돌아왔어요. 손에는 단풍잎을 끼워 둔 책이 들려 있었어요. 아침엔 머리가 지끈지끈 아프고 속이 울렁울렁거렸는데 지금은 말끔히 나았어요.

단풍이는 학교까지 단숨에 뛰어갔어요. 운동장에 단풍이가 잠시 머물렀던 단풍나무가 보였어요. 바람이 부니 말랐던 단풍잎 몇 개가 떨어졌어요. 단풍이는 나무를 꼭 껴안았어요.

"고마워. 나도 너처럼 살게. 나보다 남들을 생각하며 지내다 보면 내게도 좋은 친구들이 생기겠지?"

단풍이는 친구들과 정말로 잘 지낼 수 있을 거란 믿음이 생겼어요.

더 알고 싶어요

왜 가을이 되면 낙엽이 지나요?

나뭇잎이 초록색인 이유는 엽록소 때문이에요. 하지만 엽록소는 추위에 약하답니다. 해가 짧고 날씨가 쌀쌀한 가을이 오면, 광합성을 하지 못해 잎에서 영양분을 만들기가 어려워져요. 그리고 가을과 겨울에는 수분도 부족하기 때문에 나무가 겨울을 잘 나려면 잎을 빨리 떨어뜨려야 하지요.

식물도 겨울 준비를 해요

날씨가 추워지면 땅속의 온도도 낮아져요. 그러면 뿌리의 운동이 활발하지 않아서 물을 많이 흡수하지 못해요. 그런데 공기는 건조해서 잎의 물기는 더 빨리 마르지요. 그러니 잎이 많을수록 수분을 많이 빼앗겨 나무가 말라 죽겠지요. 말라 죽지 않으려면 잎을 떨어뜨려야 해요.

잎의 색이 변하는 이유가 있어요

잎에는 엽록소 이외에도 여러 색소가 들어 있어요. 엽록소의 양이 많아서 다른 색소는 가려져 있던 거지요. 날씨가 추워지고 엽록소가 사라지면 잎에는 카로티노이드와 크산토필, 안토시안 등의 색소가 남아요. 이 색소들이 잎을 울긋불긋 물들인답니다.

꽃보다 인기 있는 잎이 있다고요?

　미국과 유럽에서는 크리스마스 날 마귀를 물리친다는 붉은색으로 집 안을 장식하는 풍습이 있어요. 그래서 붉은 잎을 가진 포인세티아는 크리스마스트리를 장식하는 대표적인 꽃이 되었답니다. 포인세티아는 붉은 잎 가운데 녹색의 작은 꽃을 가지고 있어요. 사람들은 꽃보다 강렬한 잎을 가진 포인세티아를 좋아하지요.

　분꽃과의 부겐빌레아란 식물은 3개의 자줏빛 잎이 꽃을 감싸고 있어요. 잎이 아름다워서 꽃은 눈에 잘 띄지 않아요. 부자가 되게 해 준다고 해서 인기가 많은 잎도 있어요. 원래 이름은 자미오쿨카스인데, 중국에서는 잎이 동전같이 동그랗고 두꺼워서 금전수라고도 불려요. 중국인들은 가까운 사람이 이사하면 부자가 되라는 뜻에서 꼭 금전수를 선물로 준다고 해요.

이야기. 스물

초록 마을 만세!

철이네 동네에서 회의가 열렸어요. 근처 산을 깎고 나무를 베어 골프장을 짓는대요. 마을 사람은 산을 깎는 것을 찬성하는 사람과 반대하는 사람, 이렇게 두 무리로 나뉘었어요.

"나는 찬성이에요. 골프장이 생기면 그곳에서 일할 수도 있고, 골프 치러 오는 사람들을 상대로 장사할 수도 있잖아요."

"맞아요, 시골에 할 일이 없어서 노는 사람들도 많은데, 골프장이 생기면 좋죠."

찬성하는 사람들이 말했어요. 그러자 반대하는 사람들도 지지 않고 말했어요.

"우린 오랫동안 저 산과 같이 살았어요. 그런데 한순간에 산을 깎자니, 그건 말도 안 돼요."

"맞아요, 산은 우리의 휴식처라고요. 그리고 옆 동네를 봐요. 골프장이 생기고 얼마나 시끄러워졌는지 못살겠다고 하던걸요!"

몇 날 며칠을 회의했지만, 두 의견이 너무 팽팽해서 쉽게 결정이 나지 않았어요. 그 후로 며칠이 지났어요. 밤새 비가 많이 내려 도랑이며 계곡이며 물이 엄청나게 불었어요. 비는 며칠 동안 계속 내렸어요. 비가 내리는 바람에 회의는 열리지 않았어요.

비가 그친 날, 마을 이장이 급히 회의실로 뛰어왔어요.

"큰일 났어요. 옆 마을에 물난리가 나서 집이고 가축이고 다 떠내려갔대요."

"뭐라고요?"

마을 사람들은 급하게 옆 마을 사람들을 도와주러 갔어요. 옆 마을의 모습은 정말 말이 아니었어요. 홍수가 쓸고 지나간 자리는 너무나도 처참했어요.

"이게 다 나무를 베고 산을 깎아 골프장을 만들었기 때문이에요."

옆 마을 이장님이 땅을 치고 울었어요.

"산을 헐기 전에는 이런 일이 한 번도 없었는데……."

사람들이 한숨 섞인 말을 했어요. 하지만 후회를 해도 이제는 어쩔 도

리가 없었어요. 옆 마을에서 돌아온 사람들이 다시 회의실로 모였어요. 골프장 짓기를 반대하는 사람이 말했어요.

"이래도 산을 깎을 겁니까?"

아무도 대답하는 사람이 없었어요. 그러자 이장이 입을 열었어요.

"오래된 나무들은 그 뿌리가 땅을 단단히 잡고 있어서 큰 홍수가 나더라도 산사태가 나지 않아요. 오히려 흙이 물을 흡수해서 물난리가 나지 않도록 도와주지요."

다른 사람들도 입을 열었어요.

"이장님 말씀이 맞아요. 하마터면 우리도 옆 마을처럼 모든 것을 잃을 뻔했어요."

"내가 잘못 생각했어요. 나도 이젠 반대예요, 반대."

이제 마을 사람들은 한마음이 됐어요.

이때 한 아이가 말했어요.

"골프장을 짓는 대신 산과 나무를 더 아껴서 사람들이 우리 마을로 놀러 오게 하면 어때요."

아이의 말에 어른들은 모두 손뼉을 쳤어요.

골프장을 지으려던 사람들이 포기하고 떠나고, 마을 사람들은 짝을 지어 산에 올라가 보았어요.

오르는 길목마다 흙도, 돌멩이도, 잡초도, 나무도 그렇게 예뻐 보일 수가 없었어요. 사람들은 가지고 간 비닐봉지를 꺼내 산 곳곳에 무심코 버렸던 쓰레기를 주웠어요. 산 정상까지 올라간 사람들은 한눈에 내다보이는 광경을 바라보았어요.

"정말 큰일 날 뻔했어요. 가장 소중한 것을 없애 버릴 뻔했잖아요."

"다행이에요. 이제부터 우리가 산과 나무를 더 아껴요."

사람들의 마음을 알았는지 나무들도 잎을 흔들었어요. 시원하고 상쾌한 공기가 사람들의 마음속으로 불어왔어요.

더 알고 싶어요

나무의 능력

 (1) 온도를 조절해요.

　나무는 사람에게 어떤 도움을 줄까요? 나무가 많으면 숲이 돼요. 숲은 우리가 상상하지 못할 정도로 엄청난 일을 해요. 자동차와 공장 등에서 나온 나쁜 물질과 이산화탄소는 지구의 온도를 조금씩 올려요. 이상 기온과 지구 온난화가 여기서 비롯되는 거지요. 숲은 나쁜 물질과 이산화탄소를 빨아들이고 산소를 내보내기 때문에 지구의 온도를 조절하는 데 큰 역할을 한답니다.

 (2) 홍수와 가뭄의 피해를 줄여요.

　숲은 홍수가 났을 때는 물을 흡수하고, 가뭄이 들었을 때는 저장했던 수분을 내보내 물의 양을 조절해요. 또, 나무의 뿌리가 흙을 단단히 잡고 있기 때문에 숲에는 많은 비가 한꺼번에 내려도 흙이 떠내려가지 않아요. 땅속에 물을 저장해 두었다가 계곡을 따라 조금씩 흘려보내지요. 그래서 숲을 녹색 댐이라고 불러요.

🍃 (3) 땅을 기름지게 만들어요.

식물이 잘 자라기 위해서는 흙에 영양분이 있어야 해요. 메마른 땅에는 영양분이 남아 있지 않아요.

콩은 비옥하지 못한 땅에서도 잘 자랄 뿐 아니라, 그 땅을 비옥하게 만들어 주는 식물이에요. 식물의 뿌리에 혹을 만들어 번식하는 뿌리혹박테리아는 콩의 뿌리를 아주 좋아해요. 이 박테리아가 대신 영양분을 만들어 주지요. 그래서 콩은 거칠고 메마른 땅에서도 잘 자랄 수 있어요. 영양분을 받은 콩이 무럭무럭 자라 그 주변에까지 양분을 널리 퍼뜨리는 것이랍니다.

🍃 (4) 공기를 깨끗하게 해요.

대기 오염을 일으키는 이산화질소를 잘 흡수하는 식물도 있어요. 해바라기가 그러하지요. 길거리에 심은 가로수로 흔히 볼 수 있는 플라타너스는 먼지와 소음을 줄여 주는 역할을 해요. 은행나무도 자동차에서 나오는 매연을 줄이는 데 한몫한답니다.